荷尔德林之狂

寓居生活编年史
（*1806—1843*）

La follia di Hölderlin.
Cronaca di una vita abitante
(1806-1843)

［意］吉奥乔·阿甘本（*Giorgio Agamben*） 著 　　蓝江 译

上海人民出版社

图 1　荷尔德林肖像，16 岁。

图2　佚名，《利特宾根风景》，18世纪中叶。

四十岁时，荷尔德林发现失去理智是明智之举，甚至有些深谙世故。

——罗伯特·瓦尔泽

他的屋子就是神的疯狂。

——源自荷尔德林对索福克勒斯的《埃阿斯》的翻译

当一个人的栖居生活渐行渐远时……

——荷尔德林《观》

应该

一个人是否应该

一个人来到这个世界，今天，带着

留着祖先们闪亮的胡须

他可以

如果他说起这个

他

只能

只能喋喋不休地

一次又一次

一遍又一遍。

（“Pallaksh. Pallaksh”）

——保罗·策兰《图宾根，一月》

目录

插图说明

1. 荷尔德林肖像，16 岁，彩色铅笔，1786 年。斯图加特，符腾堡州立图书馆，荷尔德林档案馆。

2. 佚名，《利特宾根风景》，水彩和蛋彩画，18 世纪中叶。内卡河畔马尔巴赫，席勒国家博物馆。

3. 波尔多警方签发的通行证，1802 年。斯图加特，符腾堡州立图书馆。

4. 保罗 · 辛纳（Paul Sinner）1868 年拍摄的内卡河上的碉堡（照片 ©Alamy/Ipa Agency）。

5. 刻有苏塞特 · 贡塔尔（Susette Gontard）字样的《许帕里翁》副本，1799 年。内卡河畔马尔巴赫，席勒国家博物馆。

6.《索福克勒斯的悲剧》的扉页，1804 年，法兰克福。

7. 法沃林·勒雷布尔（Favorin Lerebours），艾萨克·冯·辛克莱尔肖像，布面油画，1808年。巴特洪堡，哥特式豪斯博物馆（照片 ©The History Collection/Alamy/Ipa Agency）。

8. 佚名，荷尔德林的剪影，1795年（照片 ©Akg Images/Mondadori Portfolio）。

9. 拿破仑授予歌德荣誉军团勋章的法令，1808年10月12日。

10. 威廉·魏布林格（Wilhelm Waiblinger），《自画像》，1825年。内卡河畔马尔巴赫，席勒国家博物馆（照片 ©Akg images/Mondadori Portfolio）。

11. 施赖纳和洛鲍尔，《荷尔德林肖像》，素描，1823年。内卡河畔马尔巴赫，席勒国家博物馆（照片 ©Akg Images/Mondadori Portfolio）。

12. 1826年出版的诗集封面。

13. 荷尔德林家族徽章（带有一根长老的树枝，德语中为 Holder）。

14. 署名“Scardanelli”的诗歌细节（1841年？）。内卡河畔马尔巴赫，席勒国家博物馆。

15. 露易丝·凯勒,《荷尔德林肖像》，素描，1842 年。内卡河畔马尔巴赫，席勒国家博物馆。

16. 署名“Scardanelli”的文本细节（C.T. 施瓦布 1826 年出版的诗集副本）。

17. 荷尔德林肖像，根据施赖纳（1826 年）的原始炭笔画蚀刻而成，约 1890 年（照片 ©Akg Images/Mondadori Portfolio）。

读者须知

这本关于荷尔德林生平的编年史主要取材于以下文集中的文献：

Friedrich Hölderlin, *Sämtliche Werke: Friedrich Hölderlin, Sämtliche Werke: Grosse Stutt-garter Ausgabe*, VOL. 7, 'Briefe-Dokumente', Nos. 1—3 (Friedrich Beissner and Adolf Beck eds) (Stuttgart: Cotta-Kohlhammer, 1968—1974).

Friedrich Hölderlin, *Sämtliche Werke: Kritische Textausgabe*, VOL. 9, 'Dichtungen nach 1806. Mündliches' (D. E. Sattler ed.) (Darmstadt and Neuwied: Luchterhand, 1984).

Adolf Beck and Paul Raabe (eds), *Hölderlin. Eine Chronik in Text und Bild* (Frankfurt am Main: Insel, 1970).

Gregor Wittkopp (ed.), *Hölderlin der Pflegsohn, Texte und Dokumente 1806—1843* (Stuttgart: J. B. Metzler, 1993).

本书所涉及的荷尔德林前四年（1806—1809）的历史年表主要参照歌德的生平：*Gothes Leben von Tag Zu Tag. Eine dokumentarische Chronik*, VOLS 1—8 (Siegfried Seifert ed.) (Zurich: Artemis Verlag, 1982—1996)。我选择不将这一历史年表延伸至 1809 年以后，因为在我看来，与荷尔德林的居住生活并列的模式已经足够。读者可以自行翻阅前述资料《歌德的日常生活》(*Goethe's Life from Day to Day*）或任何历史谱系，继续了解歌德的生活。

槛[①]

瓦尔特·本雅明在《讲故事的人》一书中，这样描述了书写历史的历史学家与叙述历史的编年史家之间的区别：

> 历史学家必须以这种或那种方式解释他所描述的事件；在任何情况下，他都不能满足于将这些事件作为世界上发生的事情的样本。然而，这正是编年史家所做的事情，其中最引人

① “槛”的意大利文为 Soglia，对应的英文单词是 threshold，法文是 seuil，字面意思即为门槛。这里简单译为槛，门槛的特性是，它既是一个分界线，即它区分了事物的内部和外部，又是一个悬搁了这一区分的特殊区域，因为在槛上，意味着不内不外。实际上，在阿甘本的整个哲学中，他最感兴趣的就是这个不内不外的槛的区域，一个具有典型的悖论性的区域，一个进行了区分但自己又悬搁了区分的区域，这种槛，在阿甘本看来，就是我们特殊经验的所在。

> 注目的莫过于他的古典代表——中世纪的编年史家，他们是现代历史学家的先驱。他们把对历史事件的叙述建立在玄妙莫测的天意设计之上，从一开始就不会承担提供可验证的解释的负担。相反，他们提供的解释（Auslegung）并不旨在准确地将具体事件联系在一起，而是将它们嵌入玄妙莫测的世界进程中。①

对编年史作者来说，世界大事是由天意决定还是纯属自然并无二致。

阅读中世纪晚期以降以“编年史”形式流传下来的许多书籍——其中一些无疑带有历史色彩——验证了本雅明的观点，并似乎表明这两种类型可以结合起来，尽管有一些需要注意的地方。首先，编年史可能包含对所叙述事件的解释，但通常情况下，两者（记录和叙述）是明确分开的。例如，虽然不可否认的是，像十四世纪中期马特奥·维拉尼（Matteo Villani）的

① Walter Benjamin, *The Storyteller Essays* (Samuel Titan ed. and introd.; Tess Lewis trans.) (New York: New York Review Books, 2019), p. 60.

《编年史》(*Cronica*)这样的历史文献提供了紧密相连的叙述和解释，但一位用罗马方言写作的匿名的当代编年史家对完全相同事件的记录却明确地将两者分开，而正是这种分开赋予了他的叙述生动活泼、明确无误的经典编年史语气：

> 在公元1253年的四旬斋期间，二月的一个星期六，罗马广场的集市人群中突然响起一个声音："你们听，你们听！"当地的民众顿时怒火中烧，开始像魔鬼一样跑来跑去。他们向元老院宫殿投掷石块，开始抢劫，尤其热衷于抢夺元老的马匹。贝尔托多·奥尔西尼伯爵(Count Bertoldo Orsini)听到骚乱后，只想着保住自己身体的皮囊和家园。他穿上所有的武器和盔甲，头戴闪亮的头盔，脚蹬马刺，像个真正的伯爵。他下楼上马。尖叫声和喧闹声传到了这位不幸的元老耳中。从天而降的棍棒和石块比秋天的落叶还多。有些人真的扔了石头，有些人只是威胁。这位元老被攻击吓呆了，即

> 使缩在盾牌下也无济于事。愤怒也席卷了对面圣玛丽亚附近的暴民。在那里，由于石块的猛烈攻击，他丧失了所有的美德和良知。于是，无情无义、无法无天的民众动手了，他们像对待狗一样用石头砸他的头，就像对待圣史蒂芬一样。就在那时，伯爵便一命呜呼。他一死，他的尸首就被扔在那里，之后，人们都回家了。①

这时，叙述中断了，编年史作者插入了一句不协调的拉丁语句子，引入了一个冷酷而合乎逻辑的解释："如此严峻的原因是这两位元老像暴君一样生活——他们不断出口谷物，即使他们的人民在挨饿。"但这个解释又是如此不明晰，于是编年史作者立即补充了另一个解释，称民众的暴力行为是对"教会之物"（Churchly things）被亵渎的惩罚。②在历史学家眼中，每一个事件都有一个标记，一个将

---

① Gustav Seibt, *Anonimo romano. Scrivere storia cille soglie del Rinascimento* (Rome:Viella, 2000), p. 13.

② Gustav Seibt, *Anonimo romano. Scrivere storia cille soglie del Rinascimento* (Rome:Viella, 2000), p. 13.

其与更恢弘壮阔的历史潮流联系在一起的某种印记（singature），只有在这一历史潮流中，事件才会具有意义。另一方面，编年史作者提出理由的唯一目的是让自己喘口气，歇一歇，然后再开始叙述，而没有更长远的目的。

第二个需要注意的是事件在时间上的精确“串联”。编年史作者并没有完全忽略这一点，但也不会满足于将其插入自然史的背景中。因此，在本雅明摘录的约翰·彼得·海贝（Johann Peter Hebei）的《莱茵家庭之友的宝眷》（*The Treasure Chest of the Rhenish Family Friend*）中，“苍白而衰老”的女士与她五十年前去世的未婚夫完好无损、冰雪封存的尸体“意外重逢”的奇妙故事被插进了一个时间序列，它将自然和人类领域的历史事件并列在一起：里斯本地震、玛丽亚·特蕾莎皇太后之死、农民的播种和收割、拿破仑战争、英国对哥本哈根的轰炸，以及磨坊主的碾磨都被置于同一水平线上。同样，中世纪编年史用日期（Anno Domini）和日月节律来标记时间的流逝：“天亮时……（日落时……）。”在这些编年史中，我们通常认为具有历史重要性的事件并没有被赋予特殊的地位，事实上，它们与我们通常认为属于私人生活和日常生活中微不足道的领域的事件具有同样的分量。然而，不同的是这些事件发生的时间框架和节奏——这种节奏并不是像“历史时间”那样被建构出来的，而是用文字记录的方式将这些事件从“自然时间”中一劳永逸地抽离出来。确切地说，它是用来测量河流水流或季节更替的相同时间的。

但这并不意味着编年史作者所叙述的事件是自然而然的事件。恰恰相反，它们似乎在质疑一种观念，这种观念认为历史与自然是对立的。在政治史和自然史之间，编年史作者插入了第三种历史，这种历史似乎既不存在于天堂，也不存在于尘世，而是近距离地观察这两者。事实上，编年史家并没有区分人类行为（res gestae）和对人类行为的复述（historia rerum gestarum），几乎就好像后者（叙述者复述的姿态）是前者（行为本身）的组成部分。正因如此，听众或读者甚至从未想过编年史是真是假。

编年史作者不会编造任何东西，也不需要核实其资料来源的真实性，而历史学家则必须核实每一个资料来源。编年史作者唯一的记录就是口述——他们自己的声音，以及他们偶然听到的声音，无论是快乐还是悲伤的冒险，他们都会复述。

在我们的作品中，使用编年史这种文学形式具有额外的意义。正如《半生》(*Hälfte des Lebens*)一诗的标题所预言的那样，他的一生被一分为二：前36年，从1770年到1806年；后36年，从1807年到1843年，他像个疯子一样躲在木匠恩斯特·齐默尔(Ernst Zimmer)的家里。尽管诗人害怕脱离集体生活，但在他生活的前半生，他还是走出家门，在更广阔的世界里四处游荡，相对关注时事，只是在后半生，他完全与外界隔绝。尽管偶尔有人来访，但他与外界的关系就像被一堵墙隔开了。有一则轶闻，当一位访客问他是否对希腊发生的事情感到高兴时，他唯一的回答是："阁下，我不能回答这个问题，也无法回答。"据他最早的传记作者说，他经常固执地重复："我这里啥事都没有发生！"(Es geschieht mir nichts）这样的生活只能是编年史的主题，而不是历史研究的主题，更不是临床或心理分析的主题。在这方面，不断出版他后半生的新文献［1991 年在纽廷根（Nürtingen）档案馆发现了一个重要的档案］似乎与之前的文献没有什么不一致的地方，也没有给已经确定的事实增添任何新内容。

这印证了一个方法论原则，即我们不能通过语言来定义或完全概括一个生命的真正主旨——相反，在某种程度上，它必须保持隐蔽性。生命的真理主旨是多种事件和情节交汇的消失点，而这些事件和情节是可以通过话语塑造成传记的唯一材料。尽管一个存在的真理主旨仍然难以捉摸，并抵制所有的叙事冲动，但它作为一种"人物形象"而显现出来，也就是说，作为一种暗指真实但仍然隐藏的意义的东西而显现出来。因此，只有当我们将某一特定的生命视为一个"人物形象"时，这一生命的构成情节才会归位，并以其偶然的真实性一一显现，这意味着它们放弃了能够提供该生命真相的任何伪装。当它们作为方法论上的"非方法"（a-methodos）

显现的那一刻，它们就指明了研究者必须探寻的方向。因此，存在的真相证明了它本身是不可还原于它呈现在我们眼前的沧桑和事物的。然而，我们的目光并未从此转向别处，我们还必须思考在这种存在中只是作为一种人物形象出现的东西。荷尔德林在塔楼中的生活就是对真理形象性的最坚定的验证。虽然荷尔德林的访客们坚持要详细描述一系列或多或少无关紧要的事件和习惯，但在他身上并没有发生任何事情："我这里啥事都没有发生!"在人物形象中，生活是纯粹可理解的，但正因为如此，它永远不会成为认识的对象。揭示作为人物形象的生命——正如这部编年史的目的——意味着放弃对它的认识，保持它的原生态和未加修饰的认识可能。①

因此，我选择将荷尔德林疯狂岁月的编年史与

① 贾科莫·莱奥帕尔迪（Giacomo Leopardi）在他的大合唱《回忆》（*Le Ricordanze*）中提到了"未加修饰的生活""年轻的男孩，/像一个未加修饰的情人，幻想着/他完整的、未加修饰过的虚幻生活，/惊叹不已，幻想着穹宇之美妙"（/indelibata, intera / Ilgarzoncel, come inesperto amante、/ La sua vita ingatmevole vagheggiaf / E celeste beltci fmgendo arnmira）。Giacomo Leopardi, *Canti*, Jonathan Galassi ed. and trans. (New York: Farrar, Straus and Giroux, 2012)。

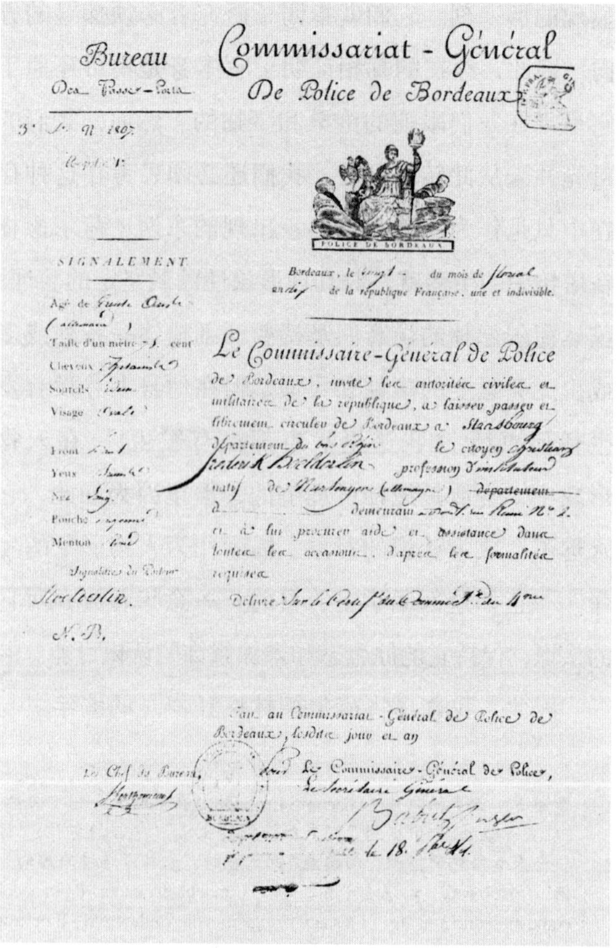
Bureau des Passe-Ports

Commissariat-Général
De Police de Bordeaux

POLICE DE BORDEAUX

Bordeaux, le vingt du mois de floréal an dix de la république Française, une et indivisible.

SIGNALEMENT.

Âge de
Taille d'un mètre cent.
Cheveux
Sourcils
Visage
Front
Yeux
Nez
Bouche
Menton
Signature du Porteur

Hölderlin.

N. B.

Le Commissaire-Général de Police de Bordeaux, invite les autorités civiles et militaires de la république, à laisser passer et librement circuler de Bordeaux à Strasbourg département du Bas Rhin le citoyen Frederik Hölderlin profession d'instituteur natif de Nürtingen (allemagne) département d demeurant et à lui procurer aide et assistance dans toutes les occasions, d'après les formalités requises.

Fait au Commissariat-Général de Police de Bordeaux, lesdits jour et an

Le Chef du Bureau,

Le Commissaire-Général de Police,
Le Secrétaire Général

图 3　波尔多警方签发的通行证，1802 年。

同时期欧洲历史的编年史［包括其文化方面，而荷尔德林本应完全被排除在外——至少在 1826 年路德维希·乌兰特（Ludwig Uhland）和古斯塔夫·施瓦布（Gustav Schwab）编辑的诗集出版之前是如此］并列起来。在这种情况下，编年史是否比历史更真实，以及真实到什么程度，读者可以自行决定。无论如何，编年史的真实性最终将取决于它与历史上的编年史之间的张力，这让我们永远无法对编年史进行归档（Archiviazione[①]）。

① Archiviazione 是撤销案件的司法术语。

序

1802年5月中旬，荷尔德林申请了一本护照，徒步前往德国。由于不明原因，他最近离开了在波尔多迈耶领事（Consul Meyer in Bordeaux）家担任的家庭教师岗位——这个岗位他只担任了三个月。他的旅程途经昂古莱姆、巴黎和斯特拉斯堡，6月7日，警方在斯特拉斯堡为他增发了一张通行证。六月底至七月初，斯图加特出现了一个人，“面容憔悴，脸色苍白，双眼无神，头发和胡须都长长了，穿着像个乞丐”，他出现在弗里德里希·马蒂松（Friedrich Matthisson）的家中，“用嘶哑的声音，他只说了一个词：荷尔德林”。此后不久，他抵达纽廷根的母亲家中，大约四十年后写成的传记这样描述他的状态：他的面部表情显得很不安，他愤怒地打着手势，他的状态是一种最绝望的疯狂（verzweifeltsten Irrsinn），褴褛的衣装似乎印证了他的说法，即他在路上被抢劫了。

六十年后的1861年，作家莫里茨·哈特曼（Moritz Hartmann）在《家庭插图杂志》（*Freya*）上发表了一

图4　保罗·辛纳（Paul Sinner）1868年拍摄的内卡河上的碉堡。

篇题为《假设》(Vermutung)的故事，声称自己是从一位名叫“德什么斯夫人”(Madame de S...y)的女士那里听到这个故事的。

大约五十年前，也就是世纪之交后不久，在她十四五岁的时候，她清楚地记得自己在阳台上看到了……

> 他似乎只是在田野里漫无目的地游荡，好像既没有在寻找什么，也没有在追求什么目标。他经常不知不觉地回到同一个地方。就在同一天，快到中午的时候，我们相遇了，但他想得太入神了，连看都没看我一眼，就擦肩而过了。几分钟后，当我们转过一个弯，他在我面前停下时，他凝视着远方，目光中充满了难以言表的怀念。这些遭遇让当时单纯的我感到无比恐惧：我跑回家躲在父亲身后。然而，看到那个异乡人，我的内心却充满了一种说不出的怜悯。这不是那种对需要帮助的穷人的同情——尽管他看起来确实像个穷人，脏兮兮的衣服乱七八

糟，这里破了，那里也破了。让那个小女孩充满同情的是他那高贵而又有些痛苦的表情，以及他的心似乎完全不在这里，消失在遥远的地方，回到了他所爱的人身边。那天晚上，我把这个陌生人的情况告诉了父亲，他告诉我，他一定是许多战俘或政治流亡者中的一个，他们被假释出来，可以住在法国内地。

故事还说，几天后，女孩看到他在公园里徘徊，沿着宽阔的水库，两边的栏杆上点缀着二十多尊希腊神像：“当异乡人看到这些神像时，他满怀激情，快步向神像走去。他高举双臂，做出崇拜的姿态，从阳台上看去，我们觉得他好像在说着与他生动的姿态相匹配的话。”

还有一次，异乡人和她父亲谈了起来，她父亲让他去雕像旁边的公园散步。他微笑着说：“神灵不属于人类——他们属于世界，当他们对我们微笑时，我们才属于他们。”父亲问他“你是不是希腊人？”，“不是！”——异乡人叹了口气，继续说道——“恰恰相反，我是德国人！”“恰恰相反？”——我父亲回答说——“德国人难道是希腊人的对立面？”“的确如此”——陌生人粗暴地回答，过了一会儿又补充说——“我们都是！你，法国人，甚至你的敌人，英国人，我们都是希腊人的对立面！”

几行文字之后的描述让我们看到了异乡人的外表所散发出的高贵和疯狂的气息——这位女士全篇都在这样称呼他：

> 他长得并不英俊，虽然不可能超过三十岁，却显得过早衰老；他的目光灵动而温和，嘴巴活泼而甜美；显然，他那身破旧的衣服与他的阶级和教养并不相称。我很高兴父亲邀请他来家里做客。他毫不客气地接受了邀请，跟在我们后面，继续聊着天；时不时把手放在我头上，这让我又惊又喜。显然，我父亲对这个陌生人很感兴趣，他想详细倾听他好奇的谈话，但我们一到沙龙，他就失望了。异乡人径直走向沙发，说“我累了！”，然后低声说了几

句难以理解的话，就躺下立刻睡着了。我们面面相觑，震惊不已。“他疯了吗？”我姑妈气愤地问，父亲摇了摇头，回答说：“他是个原生德国人。”

在接下来的几天里，人们对异乡人的疯狂的总体印象愈加深刻：

异乡人在谈到不朽时说：“我们所有美好的想法”都会变成一个天赋，他永远不会抛弃我们，永远陪伴着我们，虽然看不见，但却以最美丽的形象陪伴着我们的一生……这些天赋的诞生，或者说，是我们灵魂的一部分，而这是灵魂中唯一不朽的部分。在他们的作品中，伟大的艺术家们给我们留下了他们天才的形象，却没有留下天才本身。“我……”他委婉地回答，“你想知道我存不存在？我，就坐在你们面前？不！我连想都不敢想。不过，十年前的我就是不朽的，当然如此！”当父亲问他的名字时，异

> 乡人会回答说："我明天我会告诉你。请相信我，有时我很难记住自己的名字。"

他的行为越来越令人不安，之后，她最后一次见到了他，他在公园里慢慢散步，差点在树林里迷路。

> 一个工人告诉我们，他看到他坐在长凳上。过了几个小时他还没有出现，我父亲就去找他。他不在公园里。我父亲骑着马找遍了整个地区。他不见了，此后，我们再也没有见过他。

在这一点上，作者与叙述者分享了他的假设："这只是猜测……但我相信你遇到了一位非凡的、高尚的德国诗人，他的名字就是弗里德里希·荷尔德林。"

尽管诺贝特·冯·海林格拉特（Norbert von Hellingrath）在其关于荷尔德林疯狂的文章中包含了这一"假设"，但它似乎是哈特曼的创造——一种在

图 5　刻有苏塞特·贡塔尔（Susette Gontard）字样的《许帕里翁》副本，1799 年。

疯狂诗人的传说达到巅峰时——为了吸引读者的眼球，而杜撰出来的美化过的人物形象。

故而施瓦布过早给出了对荷尔德林的临床诊断只不过是事后的推测，据称证实了诗人的痴呆症——到 1846 年，也就是他的传记出版的那一年，没有人怀疑这种病症。事实上，从波尔多到斯图加特的长途跋涉让他付出了沉重的代价：他被剥夺了一切，疲惫不堪、营养不良的状态足以解释他的面相发生了改变。事实上，荷尔德林很快就恢复了健康，回到了斯图加特的朋友身边，几天后他却从辛克莱尔（Sinclair）那里听说他心爱的苏塞特·贡塔尔[①]（Susette Gontard）去世了，这个消息让他陷入了深深的悲痛之中。但他也从这一打击中恢复过来，并于1802年9月下旬接受了辛克莱尔前往雷根斯堡（Regensburg）的邀请。后来，辛克莱尔表示，他从未发现荷尔德林在这次访问中，体现了前所未有的在思想和精神上的活力。通过担任皇室外交官的辛克莱尔，荷尔德林结识了黑森-洪堡公爵腓特烈五世（Frederick V, Landgrave of Hesse-Homburg）。他开始翻译索福克勒斯的作品，在随后的几个月中写下了题为《帕特莫斯》(*Patmos*）的颂歌，并于1803年

① 苏塞特·贡塔尔（1769—1802），她是荷尔德林1797—1799年出版的小说《许帕里翁》的灵感来源。她是荷尔德林雇主、法兰克福银行家雅各布·弗里德里希·贡塔尔的妻子。荷尔德林和贡塔尔之间往来了大量信件，这些信件被保存下来。——中译注

1月13日将其献给了侯爵。之后，他又在纽廷根逗留了一段时间，并于11月给朋友卡西米尔·乌尔里希·博伦多尔夫（Casimir Ulrich Böhlendorff）写了一封信，信中写道："我对家乡的自然世界研究得越多，它对我的影响就越大。"他接着说，从那时起，诗人和他们的作品必须具有新的特征，这样，从古希腊人开始，诗人将"再次以真正的原创性，以民族的、自然的方式来歌唱"。

这里所提到的信，是荷尔德林在启程前往波尔多前不久，于1801年12月4日写给博伦多尔夫的一封信：

> 对我们来说，最难学习的莫过于自由使用与生俱来的东西。我相信，对我们来说，清晰的阐述原本就像天火对希腊人一样自然……这听起来很矛盾。但我再向你们说一遍，你们可以验证并随意利用：在文明进程中，我们与生俱来的优势——民族性，总是会变得越来越小。因此，希腊人并不是神圣情感的大师，因为那

是他们与生俱来的；另一方面，他们的论述能力出类拔萃……而我们则恰恰相反。这也是为什么我们的美学规则只能从希腊人的卓越中汲取是如此危险的原因。我在这方面努力了很长时间，现在我知道，除了希腊人和我们都必须具备的最重要的东西，即鲜活的工艺和比例之外，我们与他们不可能有任何共同之处。但是，我们自己的东西和外国的东西一样需要学习。因此，希腊人对我们来说是不可或缺的。只是在我们自己的东西上，在民族的东西上，我们永远无法与他们相提并论，因为正如我所说的，自由使用我们自己的东西是最难的。在我看来，您的天才促使您对戏剧形式进行了史诗般的处理。从整体上看，这是一部真正的现代悲剧。因为这就是我们的悲剧，在完全沉默中离开生者的国度，被装进某种容器，而不是为我们无法控制的火焰付出代价，被火吞噬。①

① Friedrich Hölderlin, *Essays and Letter*, Jeremy Adler and Charlie Louth eds and trans. (London: Penguin Classics, 2009), pp. 334—336.

如果我们想理解荷尔德林后来的思想以及他所谓的疯狂，就不应忘记这些篇章所预示的“民族”转向和对希腊悲剧模式的放弃。

经过几个月的紧张写作，荷尔德林完成了颂歌《悼念》（*Andenken*）和索福克勒斯的译本［他的朋友克里斯蒂安·兰道尔（Christian Landauer）在信中告诉我们，诗人“整日整夜地写作，以至于‘他的朋友们似乎都不存在了’”］，1803年6月初，荷尔德林“仿佛受本能的指引，在田野中纵横驰骋”，徒步来到穆尔哈特（Murrhardt）修道院。谢林和他的妻子卡罗琳在修道院探望谢林的父母（他的父亲是一位牧师）。几天后，谢林给黑格尔写了一封信，这封信被认为是最确切的目击者证词之一，证明诗人已经陷入疯狂：

> 我在这里逗留期间遇到的最悲惨的一幕是荷尔德林。他在斯特罗林（Ströhlin）教授的推荐下前往法国，对法国人对他的期望抱有不切

实际的幻想，而法国人似乎对他提出了一些要求，他有一部分无法满足，有一部分又无法与他敏感的天性相调和，于是他立即返回——自从那次不幸的旅行以来，他的精神彻底崩溃了（zermttet——这个动词将被反复用来指代诗人的状况），尽管他在某种程度上确实有能力完成一些工作，例如翻译希腊文。但除此之外，他的思想完全不在状态（"不在状态"一词也将经常被用来形容他的疯狂）。事实上，我一看到他就感到不安；他忽视了自己的外在形象，甚至到了令人厌恶的地步，虽然他的言谈举止不那么让人联想到疯狂，但在其他方面，他完全是一副（angenommen）处于这种状态的人的举止（die ausseren Manieren）。在这里没有治愈他的希望。我想问问，如果他想去耶拿，您是否可以去看看他。

皮埃尔·贝尔托（Pierre Bertaux）是一位德语学者、法国抵抗运动领袖，著有多部著作，主要研究荷尔德林及其作品，他曾指出，谢林的叙述是一个异类，而且并非没有矛盾：荷尔德林“不在状态”，但仍然能够翻译古希腊文（就好像翻译索福克勒斯不需要很高的智力一样）；此外，由于他的朋友说话完全正常，谢林只能确认他“表现出”一个疯子的“举止”——因此，他实际上并没有疯。

同样的矛盾再次出现在四十多年之后，也就是荷尔德林去世四年后，在谢林写给古斯塔夫·施瓦布的一封信中，回忆了他的朋友拜访穆尔哈特的情景：

> 这是一次令人伤感的重逢，因为我很快就发现，这把精巧的琴已经永远地毁了。每当我谈到他曾经感兴趣的话题时，他最初的回答总是正确而恰当的，但到了下一句，他就已经失去了话题。不过，在他的陪伴下，我确实体验到了与生俱来的优雅，那是多么伟大的力量啊！在他与我们相处的36小时里，他没有说过任何不恰当的话，也没有做过或说过任何与他

> 先前高尚、得体、彬彬有礼的天性相矛盾的事。我们在大路上痛苦地告别——我想是在苏尔茨巴赫（Sulzbach）；从那以后，我再也没有见过他。

同样，没有任何信息可以帮助我们理解为什么这样一件精心调试的乐器会被毁坏。显然，荷尔德林的言谈举止中有些东西让他的朋友捉摸不透，尽管两人对哲学有着如此深厚的感情，以至于历史学家有时会犹豫，是否要把一些流传下来的未注明出处的文字归功于一方而不是另一方。唯一可能的解释是，当时，荷尔德林的思想已经与他自己的思想相去甚远，谢林宁愿将他拒之门外。

就连荷尔德林的母亲写给辛克莱尔的信中，也透露出同样的含糊不清，似乎不惜一切代价也要证明他疯了，即使事实似乎推翻了这一说法。辛克莱尔一定意识到了她的态度有可能伤害到她的儿子，因为在一次探视后，他并没有观察到任何真正的“精神障碍”（Geistesverwirrung），但他还是在1803

年 6 月 17 日给她写了一封信，说她的儿子听到别人说他疯了一定很痛苦。他太敏感了，不知道如何读懂别人心底的想法——包括他们对他的内心判断。由于法兰克福出版商威尔曼斯（Wilmans）已经同意出版荷尔德林几个月来一直在努力翻译的索福克勒斯的作品，辛克莱尔请求荷尔德林的母亲让他到洪堡来，在那里他可以找到一个“了解他和他的命运，他没有什么可隐瞒的”朋友。荷尔德林的母亲回答说，她一直称自己的儿子为“可怜的孩子”（der liebe ungluckliche），无法独自踏上这样的旅程，并补充说，“鉴于他悲伤的精神状态，他只会成为朋友们的负担”。然而，正如她所承认的，他的病情“既没有好转……也没有恶化”。实际上，他母亲认为他精神错乱的一个迹象是他不停地工作，“我希望，如果这个可怜的孩子不再像去年那样拼命工作——甚至我们的祈祷都无法让他从热忱的奉献中分心——他的内心状态会有所改善。不幸的是，他的状况并没有改善”，她在后来的信中写道，“即使”，她勉强承认，“发生了一些变化，感谢上帝，他经常遭受的强迫症几乎消失了”。1804 年 5 月，当辛克莱尔说服侯爵为荷尔德林提供一个图书管理员的职位时——他欣然接受了这个职位——他的母亲反对说，“他现在还不能接受这个职位，依我看来，这个职位需要一定程度的正常的精神状态和明辨的能力。不幸的是，我亲爱的儿子目前的理智能力非常薄弱……您光临的喜悦和对他的尊敬可能激发了这个可怜的孩子鼓起他所有的精神力量，因此您没有注意到他的精神是多么疲惫不堪”。两年后，她设法让儿子住进了斯图加特的约翰·海因里希·费迪南德·奥滕里特（Johann Heinrich Ferdinand Autenrieths）诊所，随后又安排他住进了一个名叫恩斯特·齐默尔的木匠家里，但她从未去探望过他。根据齐默尔本人留下的记录，说荷尔德林是一个“无法忍受他的亲戚”，这一点也不足为奇了。

荷尔德林疯了还是没疯，他是否认为自己疯了，这都不是问题。最重要的是，事实上他想成为这样的人——或者说，在某一时刻，疯狂对他来说是一种必然，一种他无法回避的东西，以免他成为一个懦夫，因为“就像老坦塔卢斯[①]（old Tantalus）一样……诸神赋予他的一切，超出他所能承受的能力”。有人说，斯威夫特和果戈理都想尽一切办法发疯，最后他们都成功了。荷尔德林并不追求疯狂，他不得不接受它；但正如贝尔托所指出的，他对疯狂的概念与我们对精神病的概念毫无关系。相反，它是一种可以或应该栖息的东西。这就是为什么他在翻译索福克勒斯的《埃阿斯》(*Ajax*）时，将 theiai maniai xynaulos（字面意思是“居住在神圣的疯狂之中”）译为“他的房子是神圣的疯狂”(sein Haus ist gottliche Wahnsinn)。

1804 年 4 月，威尔曼斯出版了荷尔德林翻译的索福克勒斯的《俄狄浦斯王》和《安提戈涅》，并附有两篇长文，概括了荷尔德林哲学的大致成果。这是荷尔德林生前出版的最后一本书，尽管他对许多错别字耿耿于怀，但这本书对于理解他所说的自由

① 老坦塔卢斯是希腊神话中的人物，因其在塔尔塔罗斯受到的惩罚而闻名：由于试图诱骗诸神吃掉他的儿子，他被罚站在一棵树枝低矮的果树下的水池中，果实总是难以触及，而水总是在他喝到一口之前就退去。——中译注

使用“属于我们的东西”，以及他认为民族性与外来性之间的对立是绝对必要的。在 1803 年 9 月写给威尔曼斯的信中，荷尔德林概述了他的计划的意义：“希腊艺术对我们来说是外来的，因为它一直依赖于民族性的便利和偏见，我希望通过进一步突出它所否认的东方元素（das Orientalische），并纠正它在任何地方出现的艺术偏见，以比以往更生动的方式向公众展示希腊艺术。”

尤为重要的是，荷尔德林选择通过翻译来举例说明这个问题，多年后，瓦尔特·本雅明认为这些翻译是“同类的原型”。“所有翻译都存在着巨大的危险：被扩展和修改过的语言的大门可能会猛然关闭，将译者封闭在沉默之中。”① 同时代人对这些译本的接受也同样重要，海因里希·沃斯 1804 年 10 月的一封信就是例证：“你对荷尔德林的索福克勒斯的译本有什么看法？我们的朋友真的是个狂热的疯子

① Walter Benjamin, ‘Die Aufgabe des Ubersetzers’ in *Gesammelte Schriften IV*, 1 (Frankfurt am Main: Suhrkamp, 1972); ‘The Task of the Translator’ (Harry Zohn trans.), in Rainer Schulte and John Biguenet (eds), *Theories of Translation* (Chicago: University of Chicago Press, 1992), p. 82.

吗？还是他只是在演戏，他的索福克勒斯的译本在暗中讽刺那些糟糕的译者？几天前的晚上，我与席勒和歌德在一起，他们都被这个译本逗乐了。只要读一读《安提戈涅》的第四段合唱，你就会知道席勒是如何大笑的！”谢林在同年7月写给歌德的一封信中也作出了同样严厉的批评：“荷尔德林的状况比去年好一些，但仍明显处于混乱状态（Zerrüttung）。他对索福克勒斯的翻译，反映了他每况愈下的精神状态。”尽管很难忽略这些肤浅的评价，更不用说席勒和歌德的嘲笑了，但它们仍然最清楚地证明了荷尔德林的观念与他的诗歌文化之间判若云泥。他的目标——翻译既是对原作的摹仿，也是对原作的纠正——是如此前所未闻，以至于他的同时代人只能将其视为痴人说梦。[1797年，当歌德读到《返乡》（*Der Aether*）和《漂泊者》（*Der Wanderer*）这两首诗时，他并没有大笑，反而认为“并不完全不妥”（nicht gatiz ungünstig），并建议年轻的荷尔德林“写短诗，致力于人文水准上一些值得关注的主题”]。

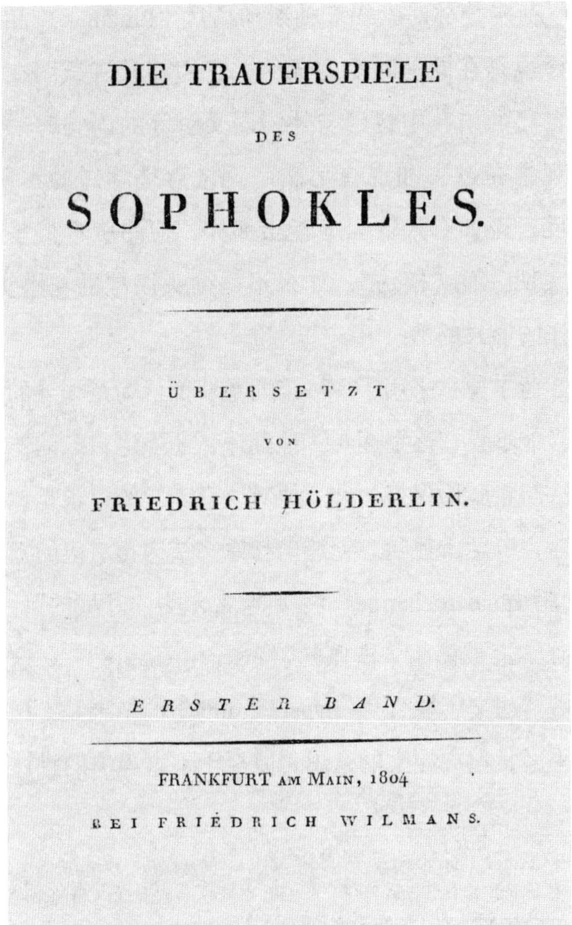
DIE TRAUERSPIELE

DES

SOPHOKLES.

ÜBERSETZT

VON

FRIEDRICH HÖLDERLIN.

ERSTER BAND.

FRANKFURT AM MAIN, 1804

BEI FRIEDRICH WILMANS.

图 6 《索福克勒斯的悲剧》的扉页，1804 年。

荷尔德林对索福克勒斯和品达（Pindar）作品的翻译也是在同一时期完成的，它们都没有试图在诗人自己的语言中找到与外语语义对等的语句——这种观念在过去和现在都被广泛认为是翻译的本质。相反，正如有人恰当地指出那样，他的版本似乎旨在实现一种“模仿”，如果不是彻头彻尾的“模仿”原作的形式的话。①

荷尔德林采用了一种连西塞罗都认为是误导的方法，他不仅“逐字逐句”地翻译，还强迫自己的德语句法与希腊语保持一致。他对“直译”的追求是如此痴迷，以至于他随意创造出与原文结构相对应的新词［希腊语 siderocharmes，字典通常译为“好战的”，在词源学上被译为“铁血的”（eiseneifreuteny）］。这种极端“超文字性”②（hyperliterality）的结果是，译文似乎经常偏离原文的意思，以至于不太谨慎的批评家

① Michael Theunissen, *Pindar. Menschenlos und Wende der Zeit* (Munich: C.H. Beck, 2000), p. 959; 也可以参看 Felix Christen, *Eine andere Sprache* (Schupfart: Engeler, 2007), p. 23。

② Wolfgang Schadewaldt, ‘Hölderlins Ubersetzung des Sophokles’, in *Uber Hölderlin* (Frankfurt am Main: Insel, 1970), p. 244.

认为荷尔德林犯了彻头彻尾的翻译错误，并将这些错误归咎于他“相对有限的希腊语知识”或“缺乏足够的参考资料”①。

1910年，诺贝特·冯·海林格拉特（Norbert von Hellingraths）关于荷尔德林的《品达吕伯特拉贡》（*Pindarubertragungen*）的论文标志着批评界观点逐渐转变的开始。海林格拉特在希腊修辞学中区分了在句子的上下文语义中协调单个词语的两种方式，他将其称为“平结构”（glatte Fügung）和“硬结构”（harte Fügung），前者是指单个词语严格服从于句法上下文，而后者则是指荷尔德林使用的那种“硬结构”，其中每个词语都倾向于自我孤立，几乎完全独立于周围环境，因此整体意义往往可以有多种解释，给读者的印象是面对“一种不同寻常的外来语言”②。本雅明在海林格拉特《译者的任务》一

① Wolfgang Schadewaldt, ‘Hölderlins Ubersetzung des Sophokles’, in *Uber Hölderlin* (Frankfurt am Main: Insel, 1970),’ p. 243.

② Norbert von Hellingrath, ‘Holderlins Wahnsinn’, in *Zwei Vortrdge. Hölderlin und die Deutschen; Höderlins Wahnsinn* (Munich: Bruckmann, 1922), p. 23.

文中提出的建议的基础上，区分了两种译本，一种译本的目的仅仅是再现意义，另一种译本的目的则是“语言对意义的触动就像风对风琴的触动一样”①，因为译者的目的——正如本雅明认为荷尔德林的目的——恰恰是语言无法传达的东西。此后，无数研究追随本雅明的脚步，颠覆传统偏见，将荷尔德林的翻译视为名副其实的“诗学典范”。这些分析将“陌生化”的翻译置于“本土化”的翻译之上，在“本土化”的翻译中，译者试图保持隐形。②荷尔德林所谓的翻译错误，如今被称为“创造性错误”③（schopferische Irrtumer）或“艺术性的创造意愿”（kunstlerische Gestaltungswille）④的结果。

① Walter Benjamin, ‘Die Aufgabe des Ubersetzers’ in *Gesammelte Schriften IV*, 1 (Frankfurt am Main: Suhrkamp, 1972); ‘The Task of the Translator’ (Harry Zohn trans.), in Rainer Schulte and John Biguenet (eds), *Theories of Translation* (Chicago: University of Chicago Press, 1992), p. 82.

② Lawrence Venuti, *The Translators Invisibility: A History ofTranslation* (London and New York: Routledge, 1995), p. 5.

③ Wolfgang Schadewaldt, ‘Hölderlins Ubersetzung des Sophokles’, in *Uber Hölderlin* (Frankfurt am Main: Insel, 1970), p. 247.

④ Jochen Schmidt (ed.), *Friedrich Hölderlin: Sdmtliche Werkeuttd Briefe.* VOL. *2* (Frankfurt am Main: Deutscher Klassiker, 1990), p. 1328.

然而，如果不首先明确荷尔德林的翻译及其对原作形式的模仿所要达到的目标，就无法理解其本质。正如有人指出的那样[①]，荷尔德林绝不是想通过新的翻译来丰富德语文学；相反，他想解决的问题既是个人的问题，也是历史的问题和哲学的问题。他的目的无非是通过他的德文版本［或他在索福克勒斯译本的注释中称之为“赫斯珀版”（Hesperian）］，将古希腊的诗歌创作方法推向极致，以揭示其核心本质，同时“纠正”其错误。

荷尔德林在给博伦多尔夫（Böhlendorff）的信中明确指出：自由使用“适合我们的东西”是最困难的事情，根据这一定理，天火和激情是希腊人的民族元素（因此也是他们的弱点），希腊人将通过对他们来说陌生的东西来实现他们的卓越，这个东西就是清晰性（荷尔德林也称为“朱诺式的清醒”）。而“赫斯珀版”的清晰和清澈则是他们的特质，他们擅长的是天火和激情，这对他们来说是陌生的，在清

① Wolfgang Binder, *Hölderlin und Sophokles* (Tübingen: Hölderlinturm, 1992), p. 21.

晰性方面，他们则是软弱和笨拙的。因此，在翻译希腊文时的双重操作是非常复杂的：一方面，希腊人放弃了自己的“民族”元素，以便在阐释方面出类拔萃，并通过强调“东方”元素，恢复了他们的“民族”元素，即天火，这也是他们的弱点；另一方面，“赫斯珀版”则相反，他们擅长于本应是他们所不具备的激情和天火，通过与希腊模式的比较（他们纠正了希腊模式的“误入歧途”），他们恢复了清晰的论述，但这也是他们的弱点。

只有在这一艰巨而双重的任务中，荷尔德林译本中对字面意思的执着追求和晦涩难懂才获得了真正的意义：希腊诗人所达到的朱诺式的清醒变得晦涩难懂，几乎难以辨认，就像赫斯珀版的译者看到自己屈从于激情的清醒及其纠正的外来要求一样，同时也暗示我们“民族”元素的孱弱和匮乏。因此，自由使用恰当的词语是一种两极运作，在这种运作中，民族的和外来的——作为嫁妆的东西和站在它面前的他者——通过它们的分歧一致而变得更加接近。而唯一能胜任这一任务的诗人，就是冒着在这种两极紧张关系中失去自己语言的风险进行翻译的人。因此，翻译并不只是众多文学作品中的一种：相反，它是诗歌的卓越品质，在这里可以自由使用适当的语言。对诗人和所有民族而言，这都是十分艰巨的任务。

很显然，按照当代标准，一个有着完好的推理能力的诗人是无法完成这样的任务的。正如本雅明所指出的那样，在语言的两个对立面之间的领域中，在如此富有张力的操作中，“意义从一个深渊跌入另一个深渊，直到它有可能迷失在语言的无底深渊之中”①。然而，这里的问题并不在于痴呆和疯狂，而在于对自己任务的执着——执着到可以毫不犹豫地牺牲形式和艺术上的卓越，以换取一种破坏性的、不正常的、极端的、不可理解的诗歌方式。荷尔德林在翻译索福克勒斯的作品后，以两种方式完成了这一自相矛盾的任务：首先，他选择了希腊传统中最

① Walter Benjamin, 'Die Aufgabe des Ubersetzers' in *Gesammelte Schriften IV*, 1 (Frankfurt am Main: Suhrkamp, 1972); 'The Task of the Translator' (Harry Zohn trans.), in Rainer Schulte and John Biguenet (eds), *Theories of Translation* (Chicago: University of Chicago Press, 1992), p. 82.

高级的诗歌形式——赞美诗，正如《霍姆伯格对开本》(*Homburger Folioheft*)十分有力地表明，他通过极端的顺叙和“硬结构”将其打碎，并有条不紊地解构了它的表达方式；随后，在他躲在塔楼里写下的四行诗中，他选择了其本土传统中最卑微、最幼稚的诗歌形式，并单调、重复地坚持其简单、押韵的结构。

当某些人意识到自己不再是某个民族的一员，意识到像诗人所认为的那样的民族并不存在时，或者当意识到这个民族已经变得陌生或充满敌意时，哲学便诞生了。哲学首先是人被其他人所放逐，是哲人生活的城邦中的一个异乡人的处境，而他却继续居住在这个城邦里，坚韧不拔地向一个尚未存在过的民族讲话。苏格拉底是这种哲学悖论的缩影：他成了人民之中的异乡人，以至于人民将他判处死刑；但他又接受了判决，再次加入人民的行列，成为人民的放逐之人。

从某一时刻开始，在现代性的门槛上，甚至诗人也意识到他们不能再对自己的人民说话——甚至诗人也理解了，他是在对一个尚未存在的民族说话，或者即使这个民族业已存在，也不能、不想听他说话。荷尔德林本人就是这些矛盾的爆发点，诗人被迫承认自己是一位哲人，或者——正如他在给克里斯蒂安·路德维希·诺伊弗（Christian Ludwig Neuffer）的信中所说——他只是在哲学医院里寻求庇护。他意识到，他所缺乏的，或者说他的弱点，是与他的人民——他称之为“民族”——的共同体意识，没有这种意识，他将永远无法在诗歌上出类拔萃。因此，荷尔德林的诗歌与之前的诗歌形式决裂，赞美诗一并变得支离破碎，最后四行诗刻板重复；因此，荷尔德林无条件地接受了他的人民对他的诊断——“疯狂”。尽管如此，他仍坚持写作到最后，在黑夜中顽强地寻找“德意志之歌”。

关于自由使用专用名词的原理，并非深奥思考的结果；仔细观察，它与具体问题有关，其相关性现在尤其明显。它涉及两个范畴，这两个范畴不仅有助于理解每个人的历史发展，也有助于理解每种文化的历史发展。正如詹尼·卡尔奇亚（Gianni

Carchia）所指出的，荷尔德林将悲剧的诗学问题转化为历史哲学问题。① 他认为西方有两种基本倾向，即民族倾向和外来倾向：前者促使西方在本体中寻找自我，后者则使西方与本体疏远，将西方推出自身之外。不言而喻，在现实中，民族性和外来性（荷尔德林通过对德国和希腊的比较来说明这一点）都属于每一个人和每一种文化（用荷尔德林的话说，属于每一个民族）。显而易见的是，西方之所以能在现代取得巨大成功，是因为它愿意几乎无条件地放弃自己的本土因素（宗教和精神传统），以便在一个可以被定义为外来的领域（经济和技术领域）中出类拔萃，而根据荷尔德林的范式，西方从一开始就注定要在这个领域中出类拔萃。在这种情况下，自然会出现反动运动，并试图以某种方式恢复本土元素，即试图将外来元素“翻译”成更熟悉的民族传统术语；然而，同样不可避免的是，这些尝试会陷入困境和矛盾之中，而这些运动——或者按照荷

① Gianni Carchia, *Orfismo e tragedia*, NEW EDN (Macerata: Quodlibet, 2019), p. 72.

尔德林的说法，他们的诗人——无法解决这些问题。自由使用专用名词确实是最困难的事情。无论如何，荷尔德林在他的生活和诗歌中都试图体验这两种基本倾向之间的对比，以及它们之间潜在的和解，无论这可能会让他付出怎样的代价。

在此期间，荷尔德林的精神状况并没有影响他的清醒，这种清醒不仅体现在他的诗歌和哲学创作上，也体现在他对政治事务的浓厚兴趣上。事实上，正是由于他的政治参与，他的精神失常问题才首次超越了私人领域，1805 年 4 月 5 日，有人正式出具了医学诊断，确证他为精神失常。

荷尔德林参与政治活动的根源在于他与伊萨克·冯·辛克莱尔的友谊，因此我们值得停下来讨论一下这位对诗人的一生有着决定性影响的令人难忘的人物。辛克莱尔 1775 年出生于洪堡（比荷尔德林小五岁），由于其家庭背景，他注定要在黑森-霍姆伯格侯爵手下从政。他的父亲曾是侯爵的家庭教师，因此年轻的辛克莱尔是在王公身边接受教育的。1795 年 3 月，在图宾根大学学习了两年法律后，辛

图 7　艾萨克·冯·辛克莱尔肖像，1808 年。

克莱尔在耶拿大学遇到了荷尔德林，他在耶拿大学注册学习哲学，并在 1794—1795 年冬季学期参加了费希特的讲座。在 1795 年 3 月的一封信中，他向一位朋友宣布他结识了“荷尔德林先生，一位‘亲密的挚友’”：

> 他很年轻，同时又和蔼可亲；他渊博的文化知识让我感到惭愧，促使我通过模仿而产生钦佩之情；我计划明年夏天与这位光彩照人、和蔼可亲、堪称楷模的人一起在一个孤独的花园庄园里度过。从我的孤独和这位朋友身上，我期待着有价值的结果。我正在考虑给他找个王子们的家庭教师的职位，因为无论如何，我都希望他能在我身边。①

在耶拿的岁月里，两位朋友提出了共同的哲学，这一点在1971年最终出版的《哲学论纲》(*Philosophische Raisonnernents*)中显而易见，该书应该与《判断与存在》(*Urteil and Sein*)一起阅读，后者是荷尔德林于1795年初写在从一本书上撕下的封底纸上的文章，贝斯纳认为这很可能是费希特的《全部知识学的基础》，而荷尔德林的文章有力地质疑了这

① Hannelore Hegel, Isaac von Sinclair. *Zwischen Fichte, Hölderlin und Hegel* (Frankfurt am Main: Klostermann, 1971), p. 30.

一点。

事实上，荷尔德林的片段一开篇就对费希特的“绝对自我”进行了激进的批判，在“绝对自我”中，主体和客体都在自我意识中得到了确认。因此，费希特一开始所提出的，实际上不过是“原初的分裂”（die ursprüngliche Trennung），通过这种分裂，主体和客体“在知性直观中紧密地结合在一起”，“分离出来，并因此成为可能”。但是，恰恰由于它们只存在于一种“原初分裂”（die ursteilung）之中，在这种分裂中，客体与主体处于相互关系之中，因此它们意味着“一个整体的必然前提，客体与主体是这个整体的组成部分”。费希特式的“我即是我”是这种理论分裂的最恰当的例子，而荷尔德林正是要质疑这种理论分裂。但是，他与费希特的“存在”概念相对照的“我即是我”意味着主体与客体的结合，其中不可能有分裂。“在主体与客体绝对地而不仅仅是部分地结合在一起的地方，任何分裂都不可能不损害被分离之物的统一性，在那里和任何其他地方，我们都不能谈论绝对的存在物（Seiri schlechthin），就像在知性直观中显现的那样。”①

这种绝对的存在不应被误认为是费希特式的我：“当我说‘我即是我’时，主体的我与客体的我并不是以这样一种方式结合在一起的，即在不损害被分离之物的本质的情况下，任何分离都是不可能的。相反，只有通过这种我与我的分离，我才是可能的。”在这一点上，荷尔德林说出了他批判的另一个对象：自我意识（Selbstbcwusstsein）。没有自我意识，我怎么能说“我！”？我把我自己与我自己对立起来，我把我自己与我自己分离开来，但尽管分离开来，我还是认识到我在它的对立面是同一个我：既然作为费希特学说基础的同一性并不意味着客体和主体的真正统一，“那么”，这个短篇断然得出结论，“同一性并不等同于绝对存在”②。

辛克莱尔的《哲学论纲》与荷尔德林的思路完

① Friedrich Hölderlin, ‘Der Tod des Empedokles. Aufsätze’ in *Sämtliche Werke*, Kleine Stuttgarter Ausgabe,VOL. 4 (F. Beissner ed.) (Stuttgart: Kohlhanuner, 1962), p. 226.

② Friedrich Hölderlin, ‘Der Tod des Empedokles. Aufsätze’ in *Sämtliche Werke*, Kleine Stuttgarter Ausgabe,VOL. 4 (F. Beissner ed.) (Stuttgart: Kohlhanuner, 1962), p. 227.

全一致，可以想象他们在一起思考和讨论他们的观点。在这里，荷尔德林从费希特的“我”的立场中发现的分离被定义为反思。“在反思中发生了什么？发生了分离，统一性被假定为应该存在的东西……分离实际上意味着反思和假定。我不是一个实体，它只存在于反思之中。”① 辛克莱尔对费希特——本质上是对所有唯心主义——的批判是明确的：“在这样一种知识学中，我只能给出在反思中呈现的我的精神行为”（p.268）。事实上，反思与所有知识和所有科学的形式不谋而合，因此对反思的批判意味着对知识的批判：

> 知识（Wissen）的任务超越了知识的形式。知识的界限就是“我”的意识的界限；只有“我”才有可能认识。反思之外的东西，我只能通过对我的知识的否定来体验，只要我表明错误在于我的知识——我无法知道，我就与知识

① Hegel, *Isaac von Sinclair*, p. 267. 下面的引文也出自这本书。

> 的形式拉开了距离。将上帝（主动原理）、“我”和物质（被动原理）结合在一起，从而假设某种超越观念的东西，这是一项不可或缺的任务。（p.271）

与荷尔德林的短篇中不可分割的存在相对应的，是辛克莱尔所说的“和平”（Friede）或非主题（athesis），即非立场：“最初它是和平，是非主题。有了反思，就有了在实践领域尚未分离的片面观点的和谐混淆。”

如果反思试图理解这种非主题，它就会退化为“我”：

> 一旦人们想认识 theos（“非主题”统一体，本质），就会把它变成一个“我”（费希特的绝对“我”）。只要对它的最高本质进行反思和假设，就会把它分离出来，而在分离之后，就会通过统一的方式再次赋予它非分离的特性，从而在某种程度上预设了分离的存在：这就是不完全

的概念（pp.268—69）。

辛克莱尔使用了一个可能源于荷尔德林的概念——他在《诗歌精神的程序方式》(*Mode of Procedure of the Poetic Spirit*)①一文中提到了“先验感觉”(transzendental Ewpfindung)②——他玩弄了一种文字游戏，将“永恒的感觉”(epernate sensation)称为“美感”(aeisthesis)，这是克服“主题”(thesis)与“非论题”(athesis)、“位置”(position)与“非位置”(non-position)之间对立的原则。

即使从这个简短的概述中也可以清楚地看出，荷尔德林和辛克莱尔所思考的不过是另一条可能的道路——一条费希特的唯心主义所铺就的道路之外的另外的道路。因此，谢林和黑格尔不得不与他们来自图宾根的同伴所踏上的精神之路保持距离，也

① 《诗歌精神的程序方式》这篇文章大概写于1799年秋，手稿中缺少的标题是Zinkernagels。

② Friedrich Hölderlin, ‘Der Tod des Empedokles. Aufsätze’ in *Sämtliche Werke*, Kleine Stuttgarter Ausgabe,VOL. 4 (F. Beissner ed.) (Stuttgart: Kohlhanuner, 1962), p. 270.

就不足为奇了。在后来的著作中，荷尔德林没有把捕捉必然逃避反思的审美存在的任务交给知识，而是交给了诗。正如他在关于诗歌精神的文章中毫无保留地肯定的那样，诗中的“我”能够完成自己的任务，把握住“无限统一、生生不息的统一体”，而反思只能把握住虚无，即便如此，也只有在能够把握住自身的前提下才能把握住虚无。

> 所有夸张中的夸张，诗歌精神最大胆、最崇高的尝试——如果它能成功实现的话——就是捕捉诗歌的原始统一体、诗的我、诗中的自我；通过这样的尝试，它将同时取消和保留（aufhöbe）其个性和纯粹的对象、统一的和鲜活的、和谐的和相互活跃的生命。①

这种“夸张中的夸张”正是荷尔德林在 1800 年

---

① Friedrich Hölderlin, ‘Der Tod des Empedokles. Aufsätze’ in *Sämtliche Werke*, Kleine Stuttgarter Ausgabe,VOL. 4 (F. Beissner ed.) (Stuttgart: Kohlhanuner, 1962), p. 263.

至1805年间力图实现的目标。

在这方面，给博伦多尔夫的信中的一个文本细节值得特别关注。荷尔德林在向他的朋友谈及他的戏剧如何处理西方元素时写道："它［戏剧《费尔南多》(Fernando)］总体上是一部真正的现代悲剧"(eine achte moderne Tragodie)。值得注意的是，荷尔德林称这部戏剧为"现代悲剧"，尽管作品的副标题"戏剧田园诗"(Eine dramatische Idylle)宣称，从技术上讲，它是一部田园诗，即一种本质上反悲剧的诗歌体裁。黑格尔在《美学讲演录》(*Lectures on Aesthetics*)中将田园诗定义为一种"抽象出精神和伦理生活中一切更深层次的普遍兴趣，以描绘纯真的人类"的诗歌体裁。① 这与悲剧恰恰相反，黑格尔认为悲剧的核心是有罪与无罪之间无法解决的冲突。黑格尔详细讨论了田园诗：田园诗的一个主要特点是"自然似乎很容易满足人的一切需要"，就像在黄金时代一样；至于田园诗的作者，他说"盖斯纳是

① G.W. F. Hegel, *Aesthetics: Lectures on Fine Art* (T. M. Knox trans.) (Oxford: Clarendon Press, 1975), p. 1221.

最无聊的，因此再也没有人读他的作品了”①，然而，如果歌德能够把《赫尔曼与多萝西娅》(*Hermann und Dorothea*)称为《汉堡里的田园诗》，并带着明显的自我满足称为《我的田园诗》，那么田园诗在文学体裁中一定仍然占据着重要地位。同样，施莱格尔在《雅典娜神殿断篇集》(*Athenäums Fragrnente*)中将田园诗定义为“理想与现实的绝对融合”②。不过，席勒在《论天真和感伤的诗》(*Über naive und sentimentalische Dichtung*)一文中用了整整一个章节来论述田园诗，最充分地证实了这一文学体裁的特殊地位。席勒将田园诗定义为一种诗歌形式，在这种形式中，“现实与理想之间的一切对立都被取消了”，“个人和社会中的一切冲突都被彻底解决了”。③席勒将田园诗比作喜剧，在喜剧中，“人环顾四周，审视自身，始终保持静谧和明朗”。因此，他在1795年11月30

① G.W. F. Hegel, *Aesthetics: Lectures on Fine Art* (T. M. Knox trans.) (Oxford: Clarendon Press, 1975), p. 1222.

② Friedrich Scblcgel, *Kritische Ausgabet.vol. 2: Charakterisdken und Kritiken* (Munich, Paderborn and Vienna: Schoningh, 1967), p. 204.

③ Friedrich Schiller, ‘Uber naive und sentimentale Dichtung’, in *Sämtliche Werke*, VOL. 5 (Munich: Hanser, 1962), pp. 750,744.

日给洪堡的信中写道，如果完美的田园诗不可能实现，那么“喜剧将是最崇高的诗歌作品”①。

那么，为什么荷尔德林将田园诗——一种不仅反悲剧，而且近似喜剧的形式——称为现代悲剧呢？

荷尔德林思想的极端演变与他对悲剧《恩培多克勒之死》（*The Death of Empedocles*）先后三稿的思考不谋而合。正如在其他地方所看到的那样，荷尔德林一再放弃正在进行的草稿，重新起草一个大相径庭的新草稿，这一痛苦的过程与他逐步解构悲剧概念的过程相吻合，最终导致他的悲剧文本沦为一个“未完成的躯干”②。我将称之为“恩培多克勒的理性”的长篇片段就是一个重要的例子，在这个片段中，悲剧本应通过个人的死亡来完成的和解行为最终被揭示为不充分和虚幻的。在这里，悲剧被定义为有机与无机之间的对比，前者指的是有限的、有意识的艺术个性，后者指的是无限的、不可理解的

① Stephan Kraft, *Zum Ende der Komödie. Eine Theoriengeschichte des Happyends* (Gottingen: Wallstein, 2012), p. 173.

② Mariagrazia Portera, *Poesia vivente. Una lettura di Hölderlin* (Palermo: Aesthetica Preprint, Supplementa, 2010), p. 100.

自然。随着悲剧的展开，这两种元素各自进入其对立面，原本分裂的东西又恢复了原来的统一。但这一时刻——悲剧情感的高潮——也与个体的死亡不谋而合："它以个体的挣扎和死亡为中心：在这一时刻，有机体舍弃了它的自我，它的特殊存在，这已成为一个极端，而无机体舍弃了它的普遍性——这不是在观念的融合中，而是在极端和非常真实的挣扎之中。"①

在这场斗争中，两个极端越过了它们的对立面，其结果是它们的和解："极端的敌意实际上似乎是极端的和解。"②然而，值得注意的是，这种和解立即被宣布为只是表面的（scheinbar），甚至是欺骗性的。既然和解只是冲突的产物，那么这两个因素中的每一个都再次趋向极端，"因此，统一的时刻就像幻觉（Trugbild）一样消散了……和解的快乐欺骗

① Friedrich Hölderlin, 'Der Tod des Empedokles. Aufsätze' in *Sämtliche Werke*, Kleine Stuttgarter Ausgabe, VOL. 4 (F. Beissner ed.) (Stuttgart: Kohlhanuner, 1962), p.159.

② Friedrich Hölderlin, 'Der Tod des Empedokles. Aufsätze' in *Sämtliche Werke*, Kleine Stuttgarter Ausgabe, VOL. 4 (F. Beissner ed.) (Stuttgart: Kohlhanuner, 1962), p.160.

（derglückliche Betrug）也就结束了”①。如果说恩培多克勒是他所处时代的牺牲品（Opfer），那么他的死所实现的和解则是虚幻的，而这种虚幻性也被注入悲剧形式之中：

> 因此，恩培多克勒不得不成为他所处时代的牺牲品。他在其中成长的命运问题必须在他身上得到表面上的解决，而这种解决必须被证明是明显的和暂时的，就像所有悲剧人物一样，他们都或多或少地试图通过自己的性格和表现来解决命运问题，而且他们都否定了自己，因为他们不是普遍有效的……同样，完全为解决命运问题而出现的人也是最明显的受害者——首先是他的短暂性（Verganglichkeit）和他反复尝试的升级。②

① Friedrich Hölderlin, ‘Der Tod des Empedokles. Aufsätze’ in *Sämtliche Werke*, Kleine Stuttgarter Ausgabe, VOL. 4 (F. Beissner ed.) (Stuttgart: Kohlhanuner, 1962), p.160.

② Friedrich Hölderlin, ‘Der Tod des Empedokles. Aufsätze’ in *Sämtliche Werke*, Kleine Stuttgarter Ausgabe,VOL. 4 (F. Beissner ed.) (Stuttgart: Kohlhanuner, 1962), pp.163—164.

荷尔德林放弃了《恩培多克勒之死》的最后一稿，因为他意识到，牺牲者的死亡只能提供和解的表象，而“现代悲剧”只有在放弃牺牲者死亡这一观念的前提下才有可能。因此，他在给博伦多尔夫的信中，让其惴惴不安的表述——否则会显得近乎滑稽——显得更加清晰：“因为这就是我们的悲剧，在完全沉默中被装进某种容器中离开生者的王国，而不是通过被火吞噬来偿还我们无法控制的火焰。”

无论如何，牺牲者从现代悲剧——或者说反悲剧——中消失具有决定性的意义。在《安提戈涅》的注释中，荷尔德林用一个特别密集的段落概述了悲剧词语地位的两种模式：希腊式和赫斯珀式。如果说每一个悲剧表象都由一个起作用的词语组成（in dem faktischen Worte），那么希腊悲剧中的词语则是以一种中介的方式起作用（mittelbarer faktisch wird），因为它掌控了一个可感的身体，而它抓住的身体实际上在进行杀戮（wirklich tötet）。[①] 赫斯珀版的用

① Friedrich Hölderlin, ‘Übersetzungen’, in *Sämtliche Werke*, VOL. 5, Kleine Stuttgarter Ausgabe (F. Beissner ed.) (Stuttgart: Kohlhatnmer, 1954), p. 293.（以下四段引文引自同一来源）

词则不需要身体的杀戮，因为它的行为不需要中介，它“掌控的是一个更具灵性的身体”。后来的一段话澄清了这种对比的含义，区分了该词的两个特征，荷尔德林用两个形容词表达了这两个特征，这两个形容词的差别并不明显，但各自都有着明确的含义：

> 因此，杀戮的事实（das tödlichfaktische）、通过文字的真实杀戮（der wirkliche Mord aus Worten）更多地被视为本质上的希腊艺术，这种艺术形式从属于更具民族性的艺术形式。正如可以很好地证明的那样，民族的艺术形式可能更多的是杀戮事实（tötendfaktisches），而不是杀戮事实的词语（tödlichfaktisches）；它实际上不会以杀戮或死亡结束，因为这正是悲剧必须要理解的地方，而是以《俄狄浦斯在科洛图斯》（*Oedipus at Colotuis*）的方式结束，这样，从灵感之口说出的话语是可怕的，是致命的，但不是以希腊式的、可感知的方

> 式，而是以一种运动的、雕塑的精神，在这种精神中，话语压倒了身体，因此后者杀死了人。①

在这里，牺牲的受害者消失了，这个受害者界定了古希腊悲剧是什么，因为词语涉及的是一个“更精神性的身体”（p.293）——也就是说，它作为一个词语，通过自身并作用于自身而立即发生作用，没有肉体死亡的中介。它所把握的“更精神性的身体”就是词语本身，正如荷尔德林在后面几行所解释的那样，“它必须从理智上去理解，从生命力上去运用”（p.295）。

在《安提戈涅》的同一篇注释中，有一段较早的文字论述了悲剧的不可能性如何具有“崇高的嘲弄”的一面，这与疯狂不谋而合：“崇高的嘲弄（der erhabene Spott）——就神圣的疯狂（heiliger

① Friedrich Hölderlin, 'Übersetzungen', in *Sämtliche Werke*, VOL. 5, Kleine Stuttgarter Ausgabe (F. Beissner ed.) (Stuttgart: Kohlhatnmer, 1954), p. 294.

Wahsinn）是人类最高的表现形式而言，在这里，它比语言更有灵魂——超越了所有其他的表达方式”（p. 291）。值得注意的是，在悲剧的这一点上，在从希腊版到赫斯珀版的过渡中（une es vom griechischen zum hesperischen gehet），疯狂被表述为人类最高的表现形式，同时又被定义为崇高的嘲弄——仿佛悲剧在此超越了自身，转向反悲剧，在某些方面可能会让人联想到喜剧。

荷尔德林多次对诗歌体裁进行反思，特别是在两个片段中的诗歌体裁之间的差异（Uber den Unterschied der Dichtungsarten）和音调变化（Wechsel der Töne）。他总是提到史诗、抒情诗和悲剧，不仅试图界定每种诗体的特点，还试图说明它们之间的相互关系。值得注意的是，正如埃米尔·施泰格（Emil Staiger）所言①，诗歌流派不仅属于文学范畴，它们还命名了几种“人类存在的基本可能性”。

---

① Emil Staiger, *Grundbegriffe der Poetik* (Zurich: Atlantis Verlag, 1946), p. 226.

令人震惊的是，这些文本都没有提到喜剧体裁。然而，在1806年9月20日写给克莱门斯·布伦塔诺（Clemens Brentano）的信中，辛克莱尔却包含了对田园诗和喜剧的一些思考，而这些思考很可能在他与荷尔德林慷慨激昂的讨论中也有所涉及。在这封信中，辛克莱尔进行了对比：

> 这是一首真正的田园诗，也就是一首天真滑稽的诗，与浪漫主义的诗歌不同，浪漫主义诗歌中的灵魂似乎受到了更深的感动，而诗人——尽管并非出于怯懦——一开始对它进行阐释……也许你对我关于你的诗的体裁的想法不感兴趣。但我的脑海中常年浮现着哲学，因此我认为一个人应该始终熟悉田园诗最纯粹的例子和一般原则……田园诗给我的印象总是间接的喜剧性——也就是说，它属于最高贵的喜剧体裁。另一方面，浪漫主义似乎只有悲剧性，甚至在我们最古老的德国小说中，也完全放弃

了悲剧性，悲剧性和喜剧性之间从来没有取得过平衡。①

荷尔德林肯定也十分熟悉席勒的作品，他在对比悲剧和喜剧之后，认为喜剧的地位更高，并写道："如果喜剧达到了目的，它就会使所有悲剧变得多余和不可能"②（sie würde ... alle Tragödie überflüssig und unmöglich machen）。

荷尔德林对喜剧的明显沉默更难以解释。这就好像，尽管他已经明白悲剧已经成为不可能，但除了通过疯狂之外，他根本看不到任何超越悲剧的途径——但这样一来，疯狂就必须具有喜剧的特征和方式，具有崇高的嘲弄。因此，他既以夸张的礼节欢迎来访者，又与他们保持距离，使用"陛下""教皇陛下""殿下"和"男爵先生、阁下——您好先生……"等称谓，因此他喜欢用无厘头的词

① Michael Franz, *Le pauvre Holterling*, *Blätter zur FrankfurterAusgabe* (Frankfurt: Rote Stern, 1983), p. 46.

② Schiller, 'Über naive und sentimentale Dichtung', p. 725.

语给来访者惊喜："Pallaksh，pallaksh"①，"Wari wari"；因此，他用崇高的讽刺告诉那些向他索要诗歌的人，"我应该写希腊，写春天，还是写时代精神?"；或者，他一边读着自己《许帕里翁》中的一页，一边突然向来访者指出："你看，亲爱的先生，一个逗号！"② 从这个角度看，他署名斯卡达内利（Scardanelli）的晚期单调、押韵的四行诗，至少按照辛克莱尔的标准是田园诗；它们当然属于"最高贵的喜剧体裁"。

荷尔德林在耶拿和法兰克福的贡塔尔家当了两年家庭教师（1796—1798）后，洪堡成了他的避难所，他与辛克莱尔尔在洪堡的友谊得到了愉快的延续。"您的儿子"，辛克莱尔于1804年8月6日写给荷尔德林的母亲：

---

① Pallaksh，pallaksh 据传是晚年的荷尔德林所说的一个意义含混的词，有时表示"是"，有时表示"否"，下文中的 Wari wari 也是如此。——中译注

② Wilhelm Waiblinger, *Friedrich Holderlins Leben, Dichtung und Wahnsinn* (Leipzig: Brockhaus, 1831); reissued in D. E. Sattler(ed.), *Friedrich Holderlin: Sdmtliche Werke, Kritische Textausgabe,* VOL. 9 (Darmstadt: Luchterhand, 1. 984), p. 156.

> 非常好，而且很平静。我和其他六个或八个在这里与他相处过的人都确信，他看似精神失常，其实并非如此，相反，这似乎是他出于某种隐秘的原因而采取的一种表达方式——因此，我们都很高兴能和他在一起……他现在住在一个名叫卡拉梅（Calame）的法国钟表匠家里，就在他想住的地方附近。

与谢林的说法完全相同，荷尔德林明显的浮夸行为被称为“假装”的矫揉造作，而不是疯癫。所有当代人的描述都强调了荷尔德林的外表和举止与他的语言表达之间的反差。辛克莱尔的一位朋友约翰·伊萨克·格宁（Johann Isaak Gerning）在他1804年6月28日的日记中写道：“辛克莱尔和荷尔德林一起过来，荷尔德林已经成为一名图书管理员，但也是一个可怜的忧郁恶魔：他与过去相比发生了多么大的变化呀！”他在后来的笔记中写道：“今天上午，辛克莱尔和荷尔德林在我家共进午餐。后者称赞了我的《一个世纪》(*Saeculare*，这是一篇关于18世纪的诗歌），并说拉姆勒（Ramler）则采用了过于严谨、过时的抒情语调……我很高兴在这里找到了一位真正的诗人。”无论如何，荷尔德林的母亲仍然很坚决，她回复辛克莱尔说，她在隔了很长一段时间后收到了儿子的来信，这不仅没有让她安心，反而让她担心儿子的悲伤状况会恶化。

此时，政治事件突然介入了荷尔德林的生活，改变了一切。作为执政官，辛克莱尔代表侯爵执行重要的外交任务，他与一个名叫亚历山大·布兰肯施泰因（Alexander Blankenstein）的不择手段的年轻机会主义者发生了关系，后者提议用彩票来解决这个小国的财政问题。1804年6月，辛克莱尔在布兰肯施泰因甚至是荷尔德林的陪同下，与路德维希堡市长克里斯蒂安·弗里德里希·巴兹（Christian Friedrich Baz）以及他们共同的朋友利奥·冯·塞肯多夫（Leo von Seckendorf）进行了数次会面，这两人都受到了法国大革命自由主义思想的影响。我们只能猜测这些讨论的主旨，但可以肯定的是，面对拿破仑的侵略——以及已经动摇了德意志联盟的脆弱基础——辛克莱尔和他的朋友们认为有必要加强民主，并认为这是日耳曼各邦能够保持自身地位的唯一途径。当辛克莱尔意识到布兰肯施泰因并不可靠，并取消了彩票活动时，布兰肯施泰因公开谴责辛克莱尔，以示报复。1805 年 1 月 29 日，布兰肯施泰因来到选帝侯（prince-elector）面前，指控辛克莱尔准备企图谋杀王子及其大臣温琴格罗德伯爵（Count Wintzingerode）。

2 月 7 日，布兰肯施泰因在一份部长要求的澄清文件中称辛克莱尔是一个危险的无神论者，他计划“让斯瓦比亚（Swabia）成为无政府主义战争的第一个战场”。奇怪的是，他还提到了荷尔德林，尽管有所保留：他的同志、来自纽廷根的弗里德里希·荷尔德林也对整个事件有所了解，他已经陷入了一种疯狂境地，不断抨击辛克莱尔和雅各宾派，并在当地人惊讶的目光中高喊：“我不想成为雅各宾派。”

几乎就在一瞬间，形势急转直下。尽管土地公爵假装抵抗，辛克莱尔还是在 2 月 26 日凌晨两点被捕，并在近百名观众（其中可能包括荷尔德林）的见证下被押往符腾堡公国（Duchy of Württemberg）的孤独宫（Schloss Solitude），在那里他被关进了监狱。布兰肯施泰因在给预审法官的另一份陈述中称，他曾与辛克莱尔和荷尔德林一起从斯图加特前往洪堡，并声称“荷尔德林知道辛克莱尔的计划”，但“最近荷尔德林几乎疯了，对辛克莱尔破口大骂，高喊‘我不想当雅各宾党人，国王万岁’！”。

由于荷尔德林现在有被逮捕的危险，3月5日，侯爵向预审法官作了陈述，试图为自己正名：

> 辛克莱尔的朋友、纽廷根的荷尔德林从去年七月起就一直住在洪堡。几个月来，他陷入了极度的绝望之中，以至于应该把他当作（这样的人）来对待，就好像他真的疯了一样！我将问心无愧地站在我善良的选帝侯面前。然而，如果认为有必要的话，这个可怜的人应该被羁押起来，并得到永久的照顾，因为在这种情况下，他将不会被允许返回洪堡。

完全有可能的是，荷尔德林看到自己所处的严重危险境地，决定利用在他头上的疯狂嫌疑来逃脱指控。这一假设似乎可以从他的呼喊中得到证实，他的呼喊似乎是为了与罪犯（他辱骂了他的朋友冯·辛克莱尔）和革命阴谋保持距离，否则他可能也会卷入其中。即使贝尔托认为荷尔德林确实不是雅各宾派的成员［在1793年7月写给弟弟卡尔的信中，荷尔德林欣喜地欢迎马拉的死讯，称他为“臭名昭著的暴君”，并同情代表吉伦特派的布里索（Brissot）］，他也肯定密切关注着法国发生的一切。因此，除了功利性的自我保护之外，他没有理由高呼“国王万岁”，也没有理由同情选帝侯和温琴格罗德，因为他们都是臭名昭著的反民主分子。无论如何，无论他是否假装，他的举止都达到了预期的目的。另一方面，在随即对他进行的审问中，辛克莱尔不仅证实了他的朋友改变了他的精神状态（他很少有精神恍惚的经历），而且还果断地表示，他从未听荷尔德林说过他不想成为雅各宾派，这当然也是事实。

负责监督审判的法官联系了纽廷根的主教区和主教团，以获得更多关于荷尔德林的信息，他们证实了他的异常状态：尽管荷尔德林“品性纯良”“天赋异禀且勤奋好学”（原文如此），但他“学习过度”和“病态的想象力”导致了“灵魂的混乱（Verwirrung）”。最后，应委员会的要求，洪堡的一位医生格奥尔格·弗里德里希·卡尔·穆勒（Physicus Ordinarius Georg Friedrich Karl Muller）于4月9日出具了一份证明，正式证实了荷尔德林的疯癫状态——尽管有一些保留意见，而且文风也没有科学的严谨性，从而使他摆脱了所有可能的指控：

> 由于我不是荷尔德林先生的医生，因此对他的病情不甚了解，我只能部分地完成委托给我的有关荷尔德林先生的任务。我只能说，上述荷尔德林先生在1799年来到这里时，就已经患有严重的疑病症……没有任何方法可以治愈，他就这样离开了这里。从那时起，我就再也没

> 有他的消息了，直到去年夏天他回来，我才得知“荷尔德林回来了，但他疯了”。想起他的疑病症，我觉得这个传言很不准确，但我想亲眼看看这是不是真的，于是我试着和他交谈。当我发现这个可怜的人如此心烦意乱（zerruttet），以至于没有人能够和他进行合理的对话时，我是多么惊讶啊！因为他是如此的情绪激动。我又去探望了他几次，但我总是发现他的病情越来越严重，说话也越来越难以理解。现在，他的疯癫已经升级为暴怒（Raserei），以至于完全无法听懂他的演讲，他的演讲听起来像是德语、希腊语和拉丁语的混合体。

从这一刻起，无论诗人的精神状态如何，他都有义务出具使他免于被捕的诊断书。在接下来的几个月里，他离开了钟表匠卡拉梅家的房间，搬到了一个名叫拉特纳（Lattner）的马具匠家里，在那里“夜以继日”地弹钢琴。6 月 19 日，他与格宁会面，格宁的日记以与一年前同样模棱两可的方式记录了诗人对他起草的一首说教诗的积极评价："可怜的荷尔德林甚至赞扬了我的思想，但也告诉我不要把它们写得太道德化。当他这样说时，他的思想是健康的还是病态的？"几周后，格宁在给歌德的信中告诉我们，荷尔德林仍在继续翻译他的品达作品（"荷尔德林仍处于半疯癫状态，正在积极翻译品达作品"）。7月9日，辛克莱尔被无罪释放，回到了洪堡，在那里他发现自己的朋友处于平静状态。9月，他在柏林遇到了夏洛特·冯·卡尔布（Charlotte von Kalb），后者在写给让·保罗的信中回顾了她与辛克莱尔的谈话，并对荷尔德林写道："这个人现在已经疯到了极点（wütend wahnsinnig）；更有甚者，他的思想已经上升到了只有受到上帝启发的幻想家才能达到的高度。"他被认为是半疯但也许是正常的，疯狂但又卓有见识：对荷尔德林病情的评价继续在两个截然相反的极点之间摇摆不定。

9月24日，黑森-洪堡的玛丽亚·安娜公主（Princess Maria）写信给她的妹妹黑森-洪堡的奥古斯特女王（Landgravine Auguste），说她几个月来一直在读荷尔德林的《许帕里翁》："啊，我多么喜欢这本书！这本书的作者现在怎么样了？"

10 月 29 日，在流传下来的唯一一封写给儿子的信中，荷尔德林的母亲承认了致使儿子恨她的理由："也许在不知情或不愿意的情况下，我让你对我产生了厌恶感……现在要乖，保持联系，我会努力改进的。"

即使是最详细认真阅读荷尔德林的生活和作品的人，也仍然从悲剧的角度来看待诗人的极端精神道路。贝尔托认为，荷尔德林从黑格尔悲剧英雄的范式中看到了自己的一生——既有罪又无辜，而且在苏塞特·贡塔尔去世后，他多少感到了自己的责任。他写道："只有既无辜又有罪的英雄，如俄狄浦斯，如安提戈涅，才能成为悲剧英雄……只有通过有罪与无罪的结合，英雄才能成为悲剧人物。"① 奇怪的是，贝尔托注意到荷尔德林几乎从未使用过"罪责"（Schuld）一词，却认为荷尔德林的悲剧与黑格尔

① Pierre Bertaux, *Friedrich Hölderlin* (Frankfurt am Main: Suhrkamp, 2000), p. 600.

的悲剧范式非常相似，甚至依赖于黑格尔的悲剧范式。事实恰恰相反：正如詹尼·卡尔奇亚所言，荷尔德林试图摆脱悲剧的辩证法及其对立极端的虚假调和：

> 荷尔德林以一种截然不同的可能性，去消除悲剧的冲突，对比了艺术与自然两极在死亡中的牺牲性神秘主义和悲剧性结合。他注意到索福克勒斯的作品中已经存在这种可能性，但他所设想的可能性是有限的、偏心的，而不是无限的、内在的……康德之后的唯心主义的肯定性解决方案通常将悲剧性死亡的特例视为辩证解决的主要原型，与之相比，荷尔德林的立场则被设定为恪守康德的否定性张力。①

在《俄狄浦斯备注》(*Remarks on Oedipus*）的结尾，荷尔德林将神与人之间冲突的悲剧辩证调和与

① Gianni Carchia, *Orfismo e tragedia*, NEW EDN (Macerata: Quodlibet, 2019), p. 74.

分裂和断裂进行了对比，并将其表述为一个十分怪异的"神圣背叛"（sacred betrayal）概念：

> 为了确保世界的进程没有间隙，上天的记忆不会终结，上帝和人类以忘却一切的背叛形式相互沟通，因为神圣背叛比任何其他东西都更值得铭记。因此，人忘记了自己，而神却以一种神圣的方式，像一个叛徒一样转过身来。事实上，在极致的被动性中，那里只剩下了时间和空间。①

在这里，神圣的转向或"背叛"不仅表现为一种分裂和遗忘，排除了任何辩证和解的可能性，而且，正如荷尔德林对《安提戈涅》的注释所暗示的，悲剧中的人物也脱离了他们的"理想形象"（Ideengestalt），置身于一个明显的反悲剧——如果不是恰当的喜剧——维度中。事实上，他们并没有

① Hölderlin, 'Übersetzungen', p. 220; Adler and Louth trans., p. 484. 下面带括号的页码的引文都出自该文献。

“参与真理之争，没有为自己的理性而战；也不像一个人为生命、财产或荣誉而战……而是……他们作为狭义上的人，作为有地位的人，形式化地相互对立”（p.296）。人物从悲剧到喜剧的转变，以其阶级（ceto）为特征，得到了以下事实的证实：悲剧冲突的内容被抽空，变得纯粹是形式上的悲剧，因此悲剧不再是生与死的斗争，而是引发了一个听起来无疑是喜剧的形象——“赛跑者之间的较量，谁先气喘吁吁地跑到对手面前，谁就输了”（p.296）。

荷尔德林以同样反悲剧的方式构想和体验了神的缺席，他认为这是他所处时代的状况。从布朗肖到海德格尔，那些研究晚期荷尔德林无神论的人似乎从未厌倦引用《面包与酒》（*Bread and Wine*）中的一段话，在这段话中，诗人毫无保留地宣称，随着众神的离去——因为凡人无法承受众神的圆满——“困惑和睡眠帮助了我们：苦恼和黑夜让我们变得更强”。荷尔德林在《诗人的使命》（*Dichterberuf*）一诗的最后两行中同样明确地指出，诗人“不需要武器，不需要狡黠，/ 只需要上帝不在他身旁”。然而，评论家们似乎并没有意识到，在这里，上帝的死亡或缺席绝不是悲剧，也不是海德格尔在其晚期作品中提出的等待另一个神圣人物的问题，而是一种神学虚无主义，也许连尼采都无法做到这一点。荷尔德林以一种深刻而矛盾的直觉——诗人“就像古代的坦塔卢斯（Tantalus）”，可以看到比他所能承受的更多的东西——将人类从神那里带走，让人们处身于田园诗或喜剧的诗意和存在形式之中。

在荷尔德林的所有其他理论著作中，有一篇文本一直处于暗处，其中他对喜剧的意义进行了反思，并与辛克莱尔一样，将喜剧与田园诗并提。在荷尔德林于1801年发表的对齐格弗里德·施米德（Siegfried Schmid）的戏剧《巾帼英雄》（*The Heroine*）的评论中，他提出了一个名副其实的喜剧理论，其全部意义值得肯定。这篇评论以一段离题的话（Umschweife）开篇——他甚至为这段话过于冗长而道歉——在这段话中，他试图给喜剧下一个定义，并驳斥对这一体裁的“不公平偏见”。真正的喜剧旨在“真实地、诗意地、艺术地再现所谓普通的、习惯的生活”（des sogennantes gewöhnlichen Lebens）。反过来，“普通生活”又被立即定义为“与整体关系较弱、较远的生活，正因如此，当它被诗意地理解时，将具有无限的意义，但在很大程度上，其本身的意义微不足道”。①

因此，喜剧中最重要的是同样的“普通与平凡”（Gemeine und Gewöhnliche）元素——荷尔德林在 1798 年 11 月写给诺伊弗的信中自责自己回避了这一元素。如果说习惯性生活中的问题是与整体关系的弱化，那么诗人要想诗意地表现这种弱化，“就必须每次都将生活的一个片段从其重要的背景中剥离出来”，但同时又要“解决和调解”（lösen und auszumitteln）通过这种分离而显得“过分和片面”的对比（p. 301）。他要做到这一点，与其说是通过“升华之，并使其变得可被感知”，不如说是通过将其呈现为“自然的真理”（Naturwahrheit）；“而恰恰

① Hölderlin, ‘Der Tod des Empedokles’, p. 300; Adler and Louth trans., p. 460. 下面带括号的页码的引文都出自该文献。

在他的主题最贴近现实的地方，如田园诗、喜剧和挽歌中，他首先必须通过赋予其审美真理的一面，通过呈现其与整体的最自然的关系，来弥补他的借用”（p.301）。

在喜剧中，最普通、最无足轻重的东西——普通的、习以为常的生活——变得“至关重要”（unendlich bedeutend），尽管脱离了其重要的背景，却显示出其自身是自然的真理。然而，荷尔德林在他的塔楼中度过的36年中，他的生活和诗歌不正是顽固地、模范地、滑稽地追求着这一点吗？而“平凡”生活不正是在那座塔楼上写下的最后一首田园诗中显得如此遥远和完满的栖居、“寓居”生活（wohnend，即按照习惯生活）吗？“当人们的生活逐渐远去……”（Wenn in die Ferne geht der Menschen wohnend Leben ...）无论如何，如果黑格尔将田园诗定义为“以自然和季节为主题的半描写半抒情的诗歌”，那么塔楼之诗——西方登峰造极的、无与伦比的诗歌遗产——严格来说，就是田园诗。

图 8　佚名，荷尔德林的剪影，1795 年。

编年史 1806—1843

1806年

1月1日 法国废除革命历，恢复公历。

1805年12月，拿破仑在奥斯特利茨（Austerlitz）战役中击败了库图佐夫（Kutuzov）指挥的奥俄军队，并于同年12月26日签署了《普雷斯堡条约》(*Treaty of Pressburg*)，随后于次年1月提议在法国的保护下成立德意志小邦联。莱茵联邦（Rheinbund）于1806年7月12日正式成立，此后不久便导致了神圣罗马帝国的解体，这立即给荷尔德林带来了灾难性的后果。

1月14日 摘自歌德日记："今天晚上在剧院排演《斯特拉》(*Stella*)……根据我们一夫一妻制的文化习俗，一个男人与两个女人的关系被认为是不可接受的，尤其是在这里，这必然是一个悲剧。"

1月31日 歌德——他是魏玛公国的非正式文

化专员，同时还患有泌尿系统疾病——在谈话中感叹道："啊，要是上帝能赐给我一个在奥斯特利茨被杀的俄罗斯人的健康肾脏就好了！"

2月13日 拿破仑写信给教皇："教皇陛下可能是罗马的君主，但我是皇帝。我所有的敌人也必须是您的敌人。"四天后，皇帝下令在星辰广场（Place de l'Etoile）修建一座凯旋门。3月21日，庇护七世回复拿破仑："陛下在原则上确认您是罗马皇帝。我们以使徒的坦诚回答说，教宗——他在这么多世纪后成为罗马的君主，这是任何其他君主都无法比拟的荣耀——现在不承认，过去也从未承认，在他的国家中，有任何其他权力高于教皇自己的权力。"

3月30日 法国军队在2月平息了波旁王朝的叛乱，斐迪南国王在英国舰队的保护下撤回西西里，约瑟夫·波拿巴就任两西西里国王。

4月30日 摘自歌德日记："中午，与里默尔进行实验和交谈。晚上，在剧院观看《歌剧世家》。"

6月24日 歌德致黑格尔的信，信中附有福伊特部长保证黑格尔获得100塔勒薪水的复函："亲爱的先生，所附文件证明我并没有停止在幕后为您工作。当然，我希望这笔钱能多一些——但在这种情况下，一个好的开始就证明已经为未来赢得了很多。”

7 月 17 日 莱茵王公联盟在巴黎成立。16 个南部德意志王公签署了《莱茵联邦条约》，从而将自己置于拿破仑皇帝的保护之下，并承诺向他提供军队和金钱作为回报。荷尔德林居住的小邦洪堡被并入黑森–达姆施塔特大公国。

8 月 4 日 歌德根据医生的建议离开卡尔斯巴德的浴场，动身前往魏玛。“很早就离开了埃格尔，大约是早上六点。天气不好……在哈希（Hasch）找到一个卖水果的，他以 1 个硬币的价格卖给我们 6 个小梨。大雨。傍晚七点左右：莱茵河联盟在法国保护下正式宣告成立的消息…… 8 月 1 日，邦联中的德意志王公正式脱离神圣罗马帝国。思考和讨论。晚餐很丰盛。”

8 月 8 日 “早上六点出发。途中我们谈论了政治，并为拿破仑想出了新的称谓：‘我们，拿破仑’‘上帝保佑我们’‘世界的穆罕默德’‘法兰西皇帝’‘经验宇宙的实行者和保护者’等等……还在拿破仑的行为和程序中重新发现了费希特的一个学说……回到金星酒馆。简单的午餐。”

同一天，作为非正式外交官，歌德给耶拿的警察局长写了一封信：

> 我的仆人根斯勒（Gensler）已经在我这里住了一段时间，他以前的工作表现令我满意，但最近他以最粗鲁、骚扰、粗野和令人讨厌的方式对待我的家人和同伴。训斥和威胁只能产生暂时的效果，我不得不忍受极大的不便……在我们去卡尔斯巴德的旅途中，他的无礼举止已经超出了一切界限，他不仅无耻地对待我的同伴，而且在回程中对马车夫也表现得残酷无情，极尽背信弃义之能事……我请求你们没收上述根斯勒的所有物品，并将他拘留，直到问题解决为止，这样我和我的同伴们就可以免受他这种近乎狂暴的疯子行为的伤害。

8月9日 随着拿破仑在德国影响力的扩大，普鲁士国王腓特烈·威廉三世动员军队，与俄国和英国结盟，向法国宣战。

8月19日 歌德在给路登教授的信中写道："这个名为《浮士德》的片段，只是一部伟大、崇高，甚至神圣的悲剧的一部分。这部悲剧一旦完成，将描绘整个世界历史的精神；它将描绘所有人类的生活，包括过去、现在和未来……浮士德代表了全人类。"

9月1日 "早上八点左右离开耶拿。在前往魏玛的途中阅读了贺拉斯的《诗艺》(*Ars Poetica*)。突降暴雨。晚上去看了莱辛的喜剧《米娜·冯·巴恩海姆》(*Minna von Barnhelm*)。前两幕不错，情节和发展都很好。第三幕停滞不前，完全失去了连贯性。"

9月6日 "喝了埃格尔（Eger）的水。继续地理研究项目。去图书馆。下午参加了冯·帕本海姆（Herr von Pappenheim）先生和冯·瓦尔德纳

（Fräulein von Waldne）小姐的婚礼。”

9 月 11 日 “喝了埃格尔的水。在罗马厅（Römische Haus）拜访了最尊贵的殿下［‘奥古斯都公爵’（Charles Augustus），萨克森-魏玛（Saxe-Weimar）和萨克森-艾森纳赫（Saxe-Eisenach）大公］。”

9 月 16—17 日 “与尊贵的殿下共度良宵，为他不在时的一些差事作准备……并送别他的离去（前往普鲁士军队担任将军）。”

10 月 13 日 在耶拿，黑格尔目睹了第一支法军先锋队进城，不久后又看到了骑在马背上的拿破仑。同一天，他写信给他的朋友尼特哈默：“我看到皇帝——这个世界的灵魂——从城里走出来，视察他的统治；看到这样一个人，他坐在马背上专注于一点，延伸到整个世界并主宰世界，这真是一种奇妙的感觉。”

10 月 14 日 法军在耶拿和奥尔斯泰德大败普鲁士军队，第一批法军步兵进入魏玛，洗劫了这座城市。作为魏玛大公，奥古斯都公爵与普鲁士结盟，虽然歌德为公爵效力，但他和他的同事弗里德里希·威廉·里默尔（Friedrich Wilhelm Riemer）在城门口欢迎法国士兵，向他们提供葡萄酒和啤酒，并向他们保证魏玛不再有普鲁士军队。为了保护自己的财产不被掠夺，歌德将自己的住宅交由内伊元帅及其随从处置。尽管当晚发生了一些意外，但计划还是成功了，他的房子幸免于难（“我们还活着！我们的房子奇迹般地免遭洗劫和火灾”）。

“在那个不幸的夜晚”，他后来在给出版商约翰·弗里德里希·科塔（Johann Friedrich Cotta）的信中写道：“我最担心的是我的报纸，这也是理所当然的。其他房子里发生的盗窃案造成了严重破坏，其他人的文件要么被毁，要么散落一地。今后，只要我度过这段时期，我就会更加积极地出版我的手稿。”

10 月 15 日 拿破仑抵达魏玛城，奥古斯都公爵正在指挥普鲁士先锋队，路易丝公爵夫人立即接待了他，并声称拿破仑对她“非常无礼”。一位目击者称，拿破仑对她说：“我同情你，夫人。我要击溃你的丈夫。”（Je vous plains, Madame. J’écraserai votre mari）很有可能，“涂脂抹粉、盛装出席”的歌德当时就在现场。无论如何，他在同一天的日记中写道："在宫廷迎接皇帝的到来。"

在接下来的几天和几个月里，歌德对自己的未来忧心忡忡，对自己的个人、法律和财务状况作出了新的安排，这是可以理解的。如果拿破仑决定解散魏玛公国（这是完全有可能的），歌德就会失去每年 1900 塔勒的收入，很可能还会失去他现在居住的房子（他还没有正式拥有该房子）。10 月 19 日，歌德与已经同居的克里斯蒂安娜·沃尔皮乌斯（Christiane Vulpius）结婚，并在法律上承认了他们的儿子奥古斯特（August）。

10 月 19 日 "歌德带着他的新娘、儿子和作为证婚人的我来到城堡教堂。婚礼在圣器室举行。很巧的是，教堂的高级顾问君特（Günther）主持了仪式"（弗里德里希·威廉·里默尔这样记载道）；"关于他的婚姻，歌德说，在和平时期，人们可以无视法律，但在这样的时代，人们必须遵守法律"（约翰娜·叔本华记载）；"我无法成为歌德婚礼的祝福者，所以宁愿保持沉默"（夏洛特·冯·席勒）。

10 月 20 日 拿破仑的艺术专员维万·德农（Vivant Denon）请歌德为雕刻家本雅明·齐科斯（Benjamin Zix）创作的侧面肖像摆姿势。

10 月 21 日 歌德写信给部长福格特（Voigt）："阁下能否寄给我 100 或 200 塔勒，因为我过冬的钱所剩无几，而且必须处理耶拿的事情？钱就像筛子里的水一样从我的口袋里流走。"

歌德写信给维万·德农：

> 我感到深深的自责；我尊敬的朋友，您在的时候，我只感到再次见到您的喜悦，而完全忘记了围绕在我身边的苦难。您甫一离开，一些重要成员就再次向我讲述了耶拿学院的罪恶……

10 月 24 日 歌德写信给科塔：

> 令人高兴的是，第四卷（我的作品）的校样刚刚送到……对于这一卷和已经收到的其他

几卷，我大致比较满意。重要的是，让我们感谢上帝使我们走到了这一步……我现在比以往任何时候都更渴望出版我的手稿。犹豫不决的时代已经过去，我们不再悠闲自得地希望有朝一日能够实现我们刚刚开始计划的事情。

11 月 12 日 “午餐后，在迈耶（Meyer）家，审阅了《色彩理论》（*Theory of Colours*）的十张校样……晚上在叔本华夫人家与费尔诺（Fernow）、迈耶、里德尔议员（Councillor Ridel）、舒策（Schütze）共度良宵。”“歌德的心情非常好，他讲了一个又一个趣闻轶事，真是精彩极了。我们很少笑得这么开心……”“在回答费尔诺的问题时，他用意大利语及其不同的方言为我们讲述了意大利的事情。”

11 月 16 日 战败的普鲁士在夏洛滕堡（Charlottenburg）与法国签订了停战协定。次年 12 月，签署了《波森和约》（treaty of Posen），魏玛公国作为一个主权国家加入了莱茵联邦。福格特公使在给冯·穆勒大使（Ambassador von Müller）的信中写道："我们的政治存在得到了这一丁点的确认，这对我们来说意义重大。"代价同样重大：公爵承诺向皇帝提供800名士兵，并在1808年春季为80000名法国士兵和22000匹战马提供住所。他还必须向法国支付220万法郎，相当于整个公国的年收入。

12月25日至29日 歌德给公爵写了一封长信，要求一劳永逸地解决他的问题。"为了我现在所珍爱的人们"，他写道：

> 我唯一可以依赖的财产就是您慷慨提供给我的房子，尽管还差最后一步才能确定所有权……一旦完成，我和我所爱的人将有机会庆祝。就像我们的脚下有了一个坚实的基础，而在此之前的许多日子里，我们曾感到这个脆弱的安排在我们的头顶上颤抖，随时都有坍塌的危险。

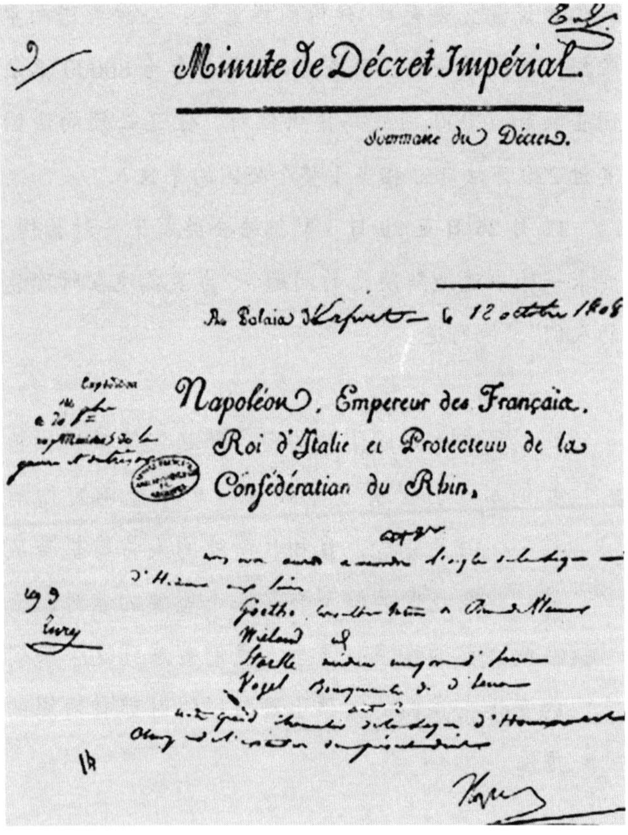
Minute de Décret Impérial.

Sommaire du Décret.

Au Palais d'Erfurt le 12 octobre 1808

Napoléon, Empereur des Français, Roi d'Italie et Protecteur de la Confédération du Rhin,

Goethe

Wieland

Starke

Vogel

图 9　拿破仑授予歌德荣誉军团勋章的法令，1808 年 10 月 12 日。

1 月 14 日　荷尔德林的母亲请求纽廷根主教团提供经济援助，以支付她生病的儿子的护理费用，这些费用“已经花光了他父亲的遗产”。根据主教团的记录，“戈克牧师（Pastor Gok）的遗孀请求为她的儿子荷尔德林先生在患病期间提供津贴。暂缓发放，直至另行通知”。

4 月　辛克莱尔从柏林返回洪堡，他在柏林发表了一首献给荷尔德林的诗。

4 月 30 日　根据纽廷根主教团的记录：“枢密使戈克（Privy Councillor Gok）的遗孀请求提供津贴，以资助她的儿子，患病的荷尔德林先生。待定。”

6 月 11 日　根据纽廷根主教团的记录，“枢密使戈克的遗孀请求为其患病的儿子荷尔德林先生提供生活费。结论：由于之前提交的证据和所附的通知都无法确定荷尔德林先生目前的下落，因此应通知纽廷根主教区。后续结论：建议上级财政部至少拨款 100 塔勒，以便继续进行”。

由于莱茵联邦的成立和神圣罗马帝国的解体，洪堡国被并入黑森–达姆施塔特大公国。辛克莱尔担心自己会失去为侯爵服务的职位。8 月 3 日，他给荷尔德林的母亲写了一封信，要求她将儿子送回纽廷根：

尊敬的枢密使夫人：

遗憾的是，您一定也听说了，侯爵的情况发生了变化，他受到了某些限制，因此我不宜继续留在这里。因此，我这位不幸的朋友（他的疯狂已经达到了新的顶峰）不可能再继续领取薪水，也不可能继续留在洪堡，因此我请求您派人去接他。他的古怪行为激怒了大众，他们现在非常反对他，如果我不在，他的人身恐怕会受到最严重的虐待，但如果他继续逍遥法外，对公众也同样危险。由于这里没有适当的机构，为了以防万一，必须让他远离公众生活。你完全可以想象这让我多么痛苦，但必要时必须压抑情感，这个时代已经让我们习惯了这种约束。今后，我也有责任尽可能地照顾好荷尔德林，但目前的情况使我无法多说什么。

我代表我母亲和我本人向您和您的家人保证，我们将一如既往地对您和您的家人表示友好和崇高的敬意。

您最忠实的朋友

艾萨克·冯·辛克莱尔博士

可能是为了让荷尔德林的母亲相信，辛克莱尔夸大了他朋友的病情，而就在几个月前，他还说他的病情很平静。另一方面，信中提到的“限制”并不意味着辛克莱尔的工作已经停止，因为他仍然受雇于侯爵，并积极致力于阻止洪堡国的解体（当时的官僚术语称为“调解”）。辛克莱尔预计工作出差会更加频繁，很可能想到将荷尔德林托付给他的母亲，但他无法想象这封信的后果。

荷尔德林的母亲决定将儿子送往图宾根的奥腾里特教授诊所，甚至没有让他经过纽廷根亲自评估病情。他于 9 月 15 日入院。监督交通费用为 137 古尔登。

9 月 11 日 黑森-洪堡的黑森-达姆施塔特大公国的公爵夫人卡洛琳（Land-gravine consort Caroline）给她的女儿黑森-洪堡的玛莉亚·安娜（Maria Anna）公主写信：

> 可怜的荷尔德林（原文把荷尔德林的名字拼错了，写成了 Holterling——译注）今天早上被送走了，将被交给他的父母。他竭力想从马车上跳下来，但照顾他的人把他推了回去。荷尔德林大叫着，挣扎着，抓伤了那个人；由于他的指甲太长，那个人浑身是血。

根据维尔纳·基希纳（Werner Kirchner）的说法：

> 1806年9月11日上午，送荷尔德林回家的马车到了。这个疯子不得不被强行推上车。他多次试图逃跑，每次都被随行的人推回座位。荷尔德林大喊着卫兵要把他带走，并用他那特别长的指甲进行自卫，以至于他的同伴浑身是血。这证明他疯了。前一年，辛克莱尔被囚禁在符腾堡的记忆已经深深地烙印在了他的脑海中。

公爵夫人和基希纳的说法似乎出自同一来源，他们都错误地指出荷尔德林被带到了他母亲的家中。在女侯爵信的末尾，加上了荷尔德林被迫转移的逸闻，也许是后来才加上的。紧随其后的一段话开玩笑地提到了另一个“疯癫”的场景，这也许是荷尔德林的逸闻被加入的灵感来源：“新任命的拿骚公爵夫人自周二起一直在法兰克福。杰出的俾斯麦先生已经回来了，但现在有人说他已经疯了，在餐桌上他的疯病愈演愈烈，竟然把面包扔到了我表妹的脸上。”

基希纳的叙述自相矛盾。一方面，他将荷尔德林的反抗，归因于他害怕像辛克莱尔一样被捕——这当然是可以理解的，因为他是被迫上马车的。但另一方面，这种恐惧又被用来证明他的疯癫。如果假设——很有可能是假设——他的同伴们已经告诉了他旅途的真正目的地，那么荷尔德林试图逃跑的顽固态度就可以得到完美的解释。

图宾根华辛尼吉诊所（Clinicum für Wahnsinnige）的记录轻描淡写地记录了荷尔德林的逗留时间：“纽廷根的荷尔德林先生，从1806年9月15日至1807年5月3日，共321天。”

迈克尔·弗朗茨（Michael Franz）在他对1806年9月事件的细致还原中指出，洪堡和图宾根之间的旅程不可能需要四天（9月11日至15日），他认为，正如冯·普罗克（Frauvon Proek）夫人写给兹威林（Zwilling）的信中似乎暗示的那样，荷尔德林暂时住在一间小屋中。

图宾根诊所的主任约翰·海因里希·费迪南德·奥滕里特曾在帕维亚（Pavia）学医，按照今天的标准，他并不是一名精神病医生。不过，他的诊所确实为精神病患者提供服务，而且他还发明了一种防止他们尖叫的面具。根据他自己的说法，这种口罩在与简单的绑手（他声称绑手比紧身衣更有效）结合使用时，能够让病人安静下来。关于荷尔德林是否接受过这种治疗，没有任何记录。

> 我曾用鞋底皮革制作过一个面具，它从下往上盖住下巴，在嘴的高度有一个薄而柔软的皮革突起。鼻子上有一个开口，眼睛上有两个开口。两条水平的绳子将面具固定在头部，从耳朵上下穿过，绕过颈脖。第三根较宽的绳子垂直穿过两侧，从下方拉紧口腔开口的底部；可以通过头顶上方的搭扣进行调节，以防止患者张开嘴巴时柔软的衬垫将嘴唇压在一起。我用一根柔软的棉绳把病人的双手绑在背后，让他们走动半小时甚至一小时……我想建议将这

种天真无邪的面具作为任何精神病院的必备工具。我一直觉得，给一心想自卫的疯子穿紧身衣太麻烦、太难了。当然，简单地用棉绳把病人交叉的双手绑在背后会更容易些。这种治疗方法很少需要延长时间，戴这种面具也不一定要超过一个小时。其结果是，病人在数小时或半天内都会感到轻松，甚至经常会出现持续数天或数周的自主平静。

诊所记录显示为荷尔德林开具了以下处方：

9月16日　奥滕里特的笔迹：

颠茄，6克
紫洋地黄，2克
茴香甘菊水溶液中
一汤匙，一天三次

9月17日和18日　尤斯蒂努斯·克纳（Justinus Kerner）的笔迹：

处方同上，4 汤匙

9 月 18 日　奥滕里特的笔迹：

250 毫升葡萄酒，连续两天

9 月 21 日　克纳的笔迹：

同前

9 月 21 日　奥滕里特的笔迹：

坎他立酊，2 克
甜汞，16 克
纯鸦片，4 克
白糖，1 盎司
混合并分成 8 等份
分 4 次给药

9月30日　克纳的笔迹：

同前

10月9日　斯图加特

部委报告和皇家法令：

荷尔德林自幼天资聪颖，前途无量。经过严格的学习，他获得了奖学金，并接受了国外导师的职位，于1804年回国。他立即出现了神经衰弱的症状，据他在纽廷根的医生说，由于夜间学习时间过长和体育锻炼不足，他的精神疾病时常发作。遗憾的是，在这种情况下，他不可能完全康复。与此同时，他的母亲已经竭尽全力照顾儿子的健康，现在发现自己已经耗尽了从他父亲那里继承的资源，不得不向国王陛下求助。

皇家财政部建议，根据贫困和不幸的奖学

金获得者的类似情况，每年资助 150 古尔登，直到荷尔德林康复为止。

10 月 12 日 注释：陛下希望财政部慷慨地给予荷尔德林所请求的 150 古尔登的资助，直到他康复为止。

10 月 16 日 特此授予纽廷根的戈克的遗孀每年 150 古尔登的资助，用于照顾她生病的儿子，直到他康复为止。

10 月 16 日 诊所记录，克纳笔迹：

如前

10 月 17 日 奥滕里特的笔迹：

芦荟胶，3 德拉姆
（1 德拉姆 =3.654 克）
矾土，3 夸脱
白糖，3 盎司

茴香甘菊水，3盎司
八角水，3盎司
每两小时一汤匙

这些处方遵循诊所的标准治疗方案，其中“论躁狂症”部分写道：

颠茄或紫洋地黄似乎能眩晕狂躁症患者的神经系统，这似乎有帮助康复的效果……用汞治疗，无论是单独使用还是与外部消炎药同时使用，都会引起发烧，在这种情况下需要使用激烈的药物，即使用芦荟或黑藜芦……持续使用适当的兴奋剂——咖啡或葡萄酒，再加上少量食物，可以舒缓情绪，几天后，这种看似危险的状态就会过去。

摘自10月21日的诊所记录：

荷尔德林——漫步。

1807年

2月7日　摘自歌德日记："读牛顿的《光学》。拜访了最尊贵的殿下，直到他离开。午餐后，费尔诺来了，带来了四幅肖像画……晚上，法尼斯卡（Faniska）。"

3月23日　法国军队进入马德里。

3月29日　黑格尔发表《精神现象学》。

5月3日　歌德致施米特的信："您将收到海德先生（Herr Haide）的三部作品：《埃格蒙特》（*Egmont*）、《斯特拉》和《谜》（*The Enigma*）。希望您能使用它们。继续瑞士之旅。午餐后，费尔诺和哈贝勒（Haberle）博士。晚上，与迈耶、福格特夫妇和法尔克（Falk）一起喝茶。"

5月23日　摘自歌德日记：

八点，给福格特写信。回信。奖章雕刻家曼弗雷迪尼（Manfredini）雕刻了一枚博多尼（Bodoni）奖章。也许他就是在耶拿战役后为拿破仑制作奖章的那位雕刻家。十点，我开始口述一个新故事。中午在亨德里克（Hendrick）餐厅用餐。之后，他、克耐贝尔（Knebel）和我一起去了耶拿战场。画了四个战场场景。

5 月 28 日　拿破仑的军队在米勒托（Mileto）击败了黑森–菲利波斯塔尔（Hesse-Philippsthal）侯爵路易指挥的波旁王朝军队。

6 月 14 日　拿破仑在弗里德兰（Friedland）击败俄军。

7 月 7 日至 9 日　拿破仑与沙皇亚历山大一世和普鲁士国王腓特烈·威廉二世在蒂尔西特（Tilsitt）签署和约。

7 月 13 日至 14 日　摘自歌德日记：

傍晚时分，俄国大使馆秘书冯·莫伦海姆先生（Herr von Mohrenheim）给我带来了克莱斯特（Kleist）的《安菲特律翁》(*Amphitryon*)。我读了这本书，对这一奇特的时代征兆感到震惊……古代对安菲特律翁的描写是关于精神混乱以及思想和信念之间的分裂……而克莱斯特现在的处理则着眼于主要人物的情感困惑。克莱斯特的戏剧不亚于基督教对神话的诠释，是通过圣灵对玛丽亚的暗示，就像宙斯和阿尔克梅娜（Alcmena）之间的场景一样。但结局令人惋惜。真正的安菲特律翁一定很高兴宙斯给了他这样的荣誉。至于其他人，阿尔克梅娜的处境是痛苦的，而安菲特律翁的处境最终是残酷的。

8月13日 歌德在卡尔斯巴德（Karlsbad）的浴场写信：

与贝克尔议员（Councillor Becker）一起参

观了城堡的泉水，他向我介绍了奥古斯特公会和其他几个奖章颁发委员会的举措……后来又与索尔姆斯王公（Prince Solms）一起，先是参观了城堡温泉，然后又参观了特蕾莎温泉。然后去了穆勒那里，他带来了一些美丽的版画和莱绍的灰石碎片。克拉默来访：讨论了有关维也纳、维也纳剧院等的各种事情。

8 月 28 日 摘自歌德日记：

《破瓮记》(*The Broken Jug*，克莱斯特的作品）有非凡的优点，整部剧强烈地表现了它的存在。可惜这部作品属于隐形戏剧。作者的才华十分生动地表现了事物，但过于倾向辩证法，正如他自己用这种静止的朗诵方式所表明的那样。如果他能成功地创作出一部真正的戏剧作品，并自然而巧妙地让动作在我们的眼前和感官中展开……那么它将是德国戏剧的一份厚礼。

9 月中旬　魏玛剧院聘请了一位和蔼可亲的男高音，这是一个好兆头。

10 月 26 日　摘自歌德日记："阅读谢林的演讲《论造型艺术与自然的关系》(*Über das Verhältnis der bildenden Künste zu der Natur*)。散步后拜访了冯·斯坦因夫人（Frau von Stein）。"

10 月 27 日　拿破仑和西班牙首相就葡萄牙的分治问题举行秘密会议。

克纳医生后来对荷尔德林的诗歌越来越感兴趣，他是奥滕里特诊所的一名实习生。处方记录显示，克纳负责观察荷尔德林的病情。在 1807 年初的一封信中，他匆忙地汇报了自己的印象：荷尔德林先生仍然病得很重。我今天去看了他，他只谈了 Con.flex 和其他混乱的事情，我听了很难过。因此，魏塞尔（Weisser）十分严厉地批评他，否认了他的逻辑和理性，这无疑是非常不幸的。

阿道夫·贝克（Adolph Beck）从克纳的手写信件中破译出的 Con.flex 一词，这个词的含义尚不明确。其他学者拒绝接受贝克认为这是拉丁文的说法，他们假设这是对 Conflux 一词的误读，奥滕里特用这个词来解释疯狂状态（“躁狂症几乎总是由精神和身体原因的汇合［der Conflux］产生的”）。由于奥滕里特在与病人交谈时似乎不太可能使用这个词，Conflex 应该与 Pallaksh 和 wari 并列，成为荷尔德林给来访者带来惊喜的第一个毫无意义的术语。

摘自魏塞尔对荷尔德林的挽歌《秋祭》（*Herbstfeier*）的评论，发表于利奥·冯·塞肯多夫（Leo von Seckendorf）编辑的 1807 年的《缪斯年鉴》（*Musenalmanach für das Jahr*）上：

> 荷尔德林先生又一次在他的作品中努力表达无法表达的东西，但仍然徒劳无功。这本诗集以《秋祭》作为开篇诗，开头写道：“又经历了一次欢乐！”显然，荷尔德林先生有时会从他以前的高度上跌落下来。这首诗以及随后的诗句“再次敞开的是大厅，健康的是花园”，与其说是诗歌，不如说是散文。说“山谷高耸，草木葱茏”完全是无稽之谈，至于“歌的王国”

在哪里，“所有被束缚的翅膀都在其中冒险”，只有天堂和荷尔德林自己知道。

2月7日 塞肯多夫（Seckendorf）写信给克纳：

> 荷尔德林的命运与我息息相关。在这个世界上，他没有人际关系，没有足够的关怀，没有友谊给他饱受折磨的心灵带来的慰藉和满足，他如何生存？这真是令人悲哀：致命的孤独和持续的沉思毁了他。如果他还记得我，请代我向他致以最亲切的问候——他还能表现出什么具体的意识吗？他还不知道他的一些诗歌已经发表在年鉴上，因为当我给辛克莱尔写信时，我联系不上他。

5月3日 荷尔德林从奥滕里特的诊所出院，被托付给木匠恩斯特·齐默尔和他的妻子照顾。他们给了他一间位于他们家俯瞰内卡河的阁楼的房间，“在诊所里……荷尔德林的病情越来越严重”，齐默尔几年后写道。

> 我读过他的《许帕里翁》(*Hyperion*)，非常喜欢。我去诊所看望了他，我感到遗憾，他那么美丽的心灵受到如此摧残。既然诊所无法再为他做什么，奥滕里特建议我收留他，因为他想象不出比我家更合适的地方了。荷尔德林过去和现在都非常热爱大自然，在他的房间里，整个内卡河和施泰因拉赫河谷的景色尽收眼底。

荷尔德林在这所房子里度过了他生命中余下的36年。

塔楼上层的房间“是一个粉刷得像圆形剧场的小房间”，于1875年被烧毁。后来，人们重建了这个房间，但墙壁是圆形的，而不是原来的六角形。这里的景色真的是美不胜收。

5月23日　辛克莱尔写信给黑格尔说：“我没有荷尔德林的任何消息，只知道奥滕里特博士正在图宾根给他治病，至于结果如何我就不知道了。塞肯多夫在最新的年鉴中发表了他的几部作品；虽然荷尔德林是在他目前的状况下写这些作品的，但我认为它们无与伦比。去年与我交谈过的施莱格尔和蒂克也认为这些作品是所有现代诗歌中最高雅的作品。我祈求上帝改变荷尔德林的命运，一劳永逸地改变！”

8 月 13 日　塞肯多夫写信给克纳：

> 辛克莱尔最近寄给我几首荷尔德林的诗，关切地询问他的情况。我担心诗人已无药可救！但他仍然是一个非凡的人！所以他没有忘记《极光》(*Aurora*）杂志。的确，四年多前，当我让他给杂志寄些散文作品时，他却寄来了诗歌。后来我被捕了，《极光》也停刊了。我们从未讨论过稿酬的问题……

夏秋之交　根据齐默尔后来的叙述，在经历了最初的危机之后，荷尔德林再也没有给他带来任何困难。据齐默尔说：“大量的血液涌上他的头顶，他的脸变得像砖头一样红，似乎一切都在困扰着他。”但这很快就过去了，他接着说：

> 他有一颗高尚的心和深邃的灵魂，他的身体非常健康，在我这里住的这段时间里，他从未生过病。他的身材匀称，体态优美，我从未在任何其他人身上看到过像他一样美丽的眼睛……荷尔德林没有任何恒定的思想；也许他丰富了自己的想象力，却损害了自己的智力。

1808年

1月4日 拿破仑参观大卫的工作室，欣赏他的加冕画作。

2月4日 法国军队进入西班牙，占领了潘普洛纳和巴塞罗那。缪拉（Murat）被任命为“西班牙王国中将”。

2月2日 教皇庇护七世拒绝拿破仑对英国实施的海上封锁。次日，米奥利斯将军（General Miollis）指挥的法国军队进入罗马，他被任命为罗马总督。

4月11日 摘自歌德日记：

> 必须把《亲合力》(*Elective Affinities*）当作一本短篇小说集，尽管它们的确有绵延不断的趋势；这个主题在我心中根深蒂固……中午独

处。与迈耶共进晚餐，主要谈了我的短篇小说。

5月2日 马德里人民起义反抗法国人，起义波及整个西班牙。

7月7日 拿破仑宣称的西班牙国王的约瑟夫·波拿巴在拜伦被叛军击败，被迫撤出马德里。

8月1日 缪拉被宣布为那不勒斯国王。

10月1日 歌德和其他政要应邀在埃尔富特（Erfurt）会议上与拿破仑会面。

10月2日 拿破仑再次将歌德召至埃尔富特皇宫，在与塔列朗（Talleyrand）和财政总监达鲁（Daru）共进晚餐时接见了歌德。在谈到戏剧领域的宿命悲剧时，拿破仑对他的客人说："今天，为什么他们总是给予我们命运？……政治就是命运。"几天后，他向歌德和维兰德（Wieland）授予了荣誉军团十字勋章。

10月3日至17日 法国军队围攻仍被英国军队占领的卡普里（Capri）。10月17日，英国人投降。缪拉为了获得教会的青睐，向势力强大的圣雅纳略

（San Gennaro）教区捐赠了 1600 达科特，从而保证圣血液化的奇迹得以实现。

加入荣誉军团：

> 阁下一定明白这封宣布皇帝陛下授予我崇高荣誉的信对我的影响。我相信阁下会一如既往地善意接受我这些微弱的表达，表达我最深切、最恭敬的谢意，并愿意为皇帝陛下诠释我自己无法表达的感情……

第二天，歌德对萨尔托留斯（Sartorius）说："拿破仑皇帝授予我荣誉军团勋章，亚历山大沙皇也给了我一个荣誉称号。"他一边说着，一边给我们看管家刚送来的包裹，里面装着圣安娜勋章的大丝带，上面有一颗闪闪发光的星星。然后他就离开了，去把它戴上，因为他被邀请去宫廷发表演讲。

11 月 5 日　拿破仑的西班牙战役开始。苏尔特元帅（Marshal Soult）在加莫纳（Gamonal）战役中击败西班牙人，占领布尔戈斯（Burgos）。

12月4日 马德里投降，拿破仑下令废除封建权利，并废除宗教裁判法庭。他指示萨瓦里（Savary）掠夺所有金银币和贵重物品。

12月29日 摘自歌德日记：

> 西蒙·波提乌斯（Simon Portius）；与热纳斯特（Genast）讨论戏剧。中午独处。午餐后继续与热纳斯特讨论戏剧指导。给福格特写信："多亏了阁下的好脾气，我们才得以取悦我们在耶拿的员工。"冯·穆勒认为："我发现歌德生硬、唐突、粗暴。这是个阴沉的大雾天，是解冻的前兆！"

12月30日 第五次反法同盟成立。

荷尔德林得到了一架钢琴，他在钢琴上即兴演奏，并根据记忆进行了长时间的演奏，同时还为自己的歌声伴奏。他还恢复了长笛的演奏。

摘自魏布林格尔（Waiblinger）的传记（这是晚年的描述，但很可能也与这一时期有关）：

> 荷尔德林的生活极其简单。早晨，尤其是夏天，当他在屋内烦躁不安时，他会在黎明前或太阳刚刚升起时起床，然后立即出门，在屋外和院子里四处闲逛。这种散步通常要持续四五个小时，直到他感到疲倦为止。他喜欢用

手绢敲打栅栏柱子，撕碎草屑。无论捡到什么，哪怕是最小的铁片或皮片，他都会放进口袋里保存起来……然后他就回到房子里，在各个房间里游荡。他胃口很好，在自己的房间里吃饭；他还喜欢喝酒，如果有人给他酒喝，他会喝得更多。每次吃完饭后，他受不了将任何餐具留在房间里，哪怕是片刻，于是就把它们放在门外的地板上。他房间里唯一能容下的东西就是他自己的物品，其他东西都摆在门外。

10月15日 荷尔德林的母亲写下遗嘱，表达了对病重儿子命运的担忧，并恳求女儿和小儿子：

别管你亲爱的、可怜的兄弟学习所需的费用、作为家庭教师的旅费，以及在他病重期间所需的费用——尤其是因为我从他父亲那里继承遗产的时间比我另外两个孩子继承遗产的时间更长……如果上天决定在我死后仍让我可怜多病的儿子处于这种悲惨的境地，在这种情况下，他将不需要财产，那么我的另外两个孩子将继承我的财产，每人一半，作为补偿。我希望除了他每年收到的钱之外，利息还能满足他的所有需求，这样可怜的儿子就能得到充分的照顾了。因此，我请求尊敬的法庭和我的另外两个孩子确保不动用我患病儿子的资金，以便在他死后，他们可以得到剩下的补偿……我还请求，在我死后，我的另外两个孩子要为他们不幸的兄弟尽到父亲和母亲的责任。

12月29日 作家卡尔·奥古斯特·瓦恩哈根·冯·恩塞（Karl August Varnhagen von Ense）陪同克纳拜访了荷尔德林，并留下了一篇充满不实之词和武断解释的文章：

克纳带我找到了另一位诗人——一位真正意义上的诗人，一位真正的诗歌大师——尽管他既不在宫廷，也不在科塔的宴会上，而是在一家疯人院里。我震惊地得知，荷尔德林作为一个名副其实的疯子已经在这里生活了两年！这位创作了《许帕里翁》和许多其他壮丽、怀旧、英雄主义作品的高尚诗人还出版了索福克勒斯的译本；我觉得这相当浮夸，但这只是文学意义上的浮夸，因为在这里（在德国），人们可以大胆地远离原著，而不会真的疯了或被认为疯了。批评这种奢侈当然是合理的，除了其他人物之外，我还为这部双重小说想象了一个名叫瓦赫尔德（Wachholder）的翻译，他的口吻就像荷尔德林笔下的索福克勒斯。只是偶然的机会，我没有这样做，而结果却对我有利！一想到我可能会嘲笑一个精神病患者，我现在就不寒而栗，这就像殴打尸体一样可耻……可怜的荷尔德林！他被托付给一个木匠照顾，木匠给他饭吃，对他很好，陪他散步，看护他——他的疯病一点也不危险，只要他不太在意突然冒出来的想法。他并不是神志不清，而是滔滔不绝，想象力丰富，显然他认为周围有很多人在向他致敬；他与他们争论，倾听他们的反对意见，并活跃地反驳他们。他还引用自己写过的伟大作品和正在写的其他作品；他所有的知识、娴熟的语言技巧和对古代作家的熟悉依然存在——然而，他的讲话很少能显示出真正的思想或逻辑联系，因为他的话语流在很大程度上是完全没有意义的。显然，他发疯的原因是他在法兰克福的一次不幸的旅居，在那里他是一个富裕家庭的家庭教师。一位柔情似水、和蔼可亲而又不幸的女士欣赏诗人高尚的思想，欣赏这位绝望而又被误解的年轻人纯洁的灵魂，于是一段纯真的友谊诞生了。然而，最粗鄙的猜疑还是被激起了，荷尔德林和他的朋友都受到了可怕的虐待！这让荷尔德林伤心欲绝。他试图通过潜心创作索福克勒斯的作品来掩盖内心的痛苦。出版第一部分的出版商并没有意识到，在这本书中已经出现了他衰落的迹象，不幸的是，这些迹象很快就在作者本人身上显现出来。

1809年

1月1日　康巴塞雷斯（Cambacérès）通知拿破仑，奥地利正在调集军队。

1月10日　歌德写信给魏玛皇家剧院，指示剧院领导纠正“假面舞会的颓废状态”（Verfall der Redouten）。

> 埃斯特拉德（Estrade）舞厅的窗帘应保持敞开，以便高层人士和高级资产阶级可以在此逗留，玩游戏或交谈。最好有一名宫廷引座员在场，进行必要的介绍。
>
> 任何人不得身着日常服饰入场。如果参加者不想戴面具，可以穿黑色斗篷或多米诺服装（Domino）。

禁止穿靴子跳舞。

4 月 12 日　奥地利向法国宣战。

4 月 28 日　歌德致函魏玛皇家剧院："尊贵的殿下向我表达了希望演员施瓦茨（Schwarz）出演《洛伦茨·史塔克》(*Lorenz Stark*) 的愿望，并以一种我无法拒绝的方式表达了这一愿望。因此，剧院委员会将对此予以考虑。"

5 月 6 日　歌德给艾希施泰特（Eichstädt）写了一封信："请殿下安排图书管理员每天早上九点来收我看完的书，并记下我的新要求。"

5 月 13 日　经过一个月的作战，法国军队进入维也纳。

7 月 6 日　歌德给萨尔托利乌斯写了一封信：

> 马里奥特（Mariotte）的这部作品填补了我目前正在研究的关键时期的一个重要空白。我的目的是要从历史的角度说明牛顿最初是如何匆忙行事，然后又是如何坚持不懈的；为什么

他的反对者虽然大体上是正确的，但却无法战胜他；以及他那同样缺乏思想、带有偏见和顽固不化的学派是如何占据上风并传播到全世界的……

摘自歌德日记："中午与卡兹在一起。傍晚见到沃尔佐根夫人（Frau Wolzogen）和冯·席勒议员夫人（Madame Councillor von Schiller）。其他时间独自一人。准备各种东西。"

9月8日 摘自歌德日记："《亲合力》第六章和其他一些东西。"午餐后，施莱格尔关于希腊喜剧的讲座。同一天，歌德给克里斯蒂安娜·沃尔皮乌斯（Christiane Vulpius）写了一封信："我非常想见你，想和你谈谈，但我们的工作非常紧急，我希望你先不要来，因为我们必须抓紧每一个小时，我不知道我们怎样才能完成工作……我过得很好，但要严格控制饮食，有条不紊地生活……晚上在家。看胡贝尔（Huber）和菲斯利（Füessli）的意大利风景画。"

10月13日 18岁的德国人弗里德里希·斯塔普斯（Friedrich Staps）企图在维也纳美泉宫

（Schönbrunn）刺杀拿破仑。

10月20—21日 摘自歌德日记：

起草传记大纲。到东部地区散步……晚上与迈耶在一起：艺术史、钱币学和宝石……与奥古斯特漫步至贝尔维德雷城堡。与冯·辛森斯滕先生（Herr von Hinzenstern）一起参观了城堡。回来的路上，见到了王储和殿下。随后回家。晚上在剧院观看《蓝胡子》(Bluebeard)。

12月15日 拿破仑与约瑟芬离婚，准备与奥地利的玛丽·路易丝（Marie Louise of Austria）结婚。

4 月初 乌兰特和克纳拜访荷尔德林。

5 月 6 日 利奥·冯·塞肯多夫是奥地利军队的上尉，他在埃贝尔斯堡（Ebelsberg）战役中与法军交战时牺牲。

7 月 6 日 荷尔德林在耶拿经常来往的辛克莱尔的朋友雅各布·兹威林在瓦格拉姆（Wagram）战役中阵亡。

9 月 8 日 卡尔·菲利普·康兹（Karl Philipp Conz）是荷尔德林在图宾根学生时代的朋友，他向莱比锡《优雅世界报》(*Zeitung für die elegante Welt*）的出版商奥古斯特·马赫曼（August Mahlmann）建议出版荷尔德林家人托付给他的著作集。“我拥有我的朋友和同胞荷尔德林几篇未发表的诗歌和散文。毫无疑问，你们都知道他的才华，但不幸的是，他多年来精神状态一直不佳。他已经退休一段时间了，他的病情似乎无法治愈。”康兹认为，“目前的图书交易状况”不适宜出版一本纯粹由诗歌组成的诗集，因此他建议将“因其温煦和惬意而受到关注”的早期诗歌与“带有过度复杂、理想化的雅致和高品位、希腊风”的近期作品相结合。除了这些诗歌，康兹还推荐了一部“近两幕”的抑扬格（iambic）戏剧《恩培多克勒》（*Empedocles*）的节选，以及一篇“论诗歌的不同倾向”的散文随笔，其中“包含了颇具敏锐的洞察力，以生动、和谐的风格表达出来，尽管我不能说我完全同意作者的观点”的作品。在询问了可能的报酬之后，康兹进一步规定荷尔德林的名字不能出现在最终的出版物上：“尽管他的精神状态已经改变，但他仍然执着地希望（die Grille）控制对自己作品的所有编辑。如果他得知他的作品在他不知情的情况下被出版了……他总是非常恼火，并抨击对他权利的无礼侵犯。”

荷尔德林一直希望监督自己作品的出版，这在当时被人们认为是极其荒唐而奢侈的要求，这一事实雄辩地表明，即使是他最善意的朋友，现在也会将他最正当合理的要求，视为纯粹愚蠢的表现。

10月20日 马赫曼回复说，他很乐意出版这本文集，但每页只能出价10塔勒，“这个价格肯定低于科塔（歌德的出版商）所能支付的价格……我同意您的观点，荷尔德林的名字不应该出现，因为其他一些无良的人已经出版了他的许多作品，而这些作品最好还是不要出版，从而玷污了他的名声。《许帕里翁》的第一部分是他天才的巅峰，但之后他就迷失在形式主义和难以理解的深奥之中了”。

他们拟议中的文集始终未能出版。

1810年

1月1日 克纳通知来自图宾根的朋友海因里希·科斯特林（Heinrich Köstlin），他正在写一篇名为《旅行之影》(*Reiseschatten*）的文章，其中“也将出现荷尔德林的身影”。

1月21日 克莱门斯·布伦坦诺（Clemens Brentano）在给奥托·伦格（Otto Runge）的信中提到，符腾堡疯狂诗人荷尔德林的某些颂歌给他留下了“深刻的印象”。

如他的《夜之挽歌》《秋祭》《莱茵河》《帕特莫斯》等，这些颂歌在塞肯多夫1807年和1808年的两年《缪斯年鉴》中被遗忘和忽视了。我相信，在此之前，从未有人这么华丽地表达过如此令人沉思的痛苦。有时，这位天才会黯然神伤，沉入苦涩的心泉；但更多的时候，他那颗动人的、启示录般的星星会在他广阔的感性之海中闪耀出绚丽的光芒。如果你能找到这些书，请阅读这些诗歌。尤其是他的《夜的挽歌》，如星辰般清澈闪亮，又如钟声般孤寂，每一次回忆都会触发它的鸣响：我认为这是他最成功的诗作之一。

8月16日 在洪堡的辛克莱尔写信给黑格尔，谈及兹威林在瓦格拉姆的死讯，并补充说："我再也没有听说过可怜的荷尔德林的消息……我想他的情况没有改变，但如果你有任何消息，请一定告诉我。"从信中可以看出辛克莱尔对这位老朋友的疏远：尽管"再也没有听说过"荷尔德林的消息，但他认为——或许是潜意识中的自我辩解——他的疯病已经病入膏肓了。

1811年

1月7日 同样寄宿在齐默尔家的学生奥古斯特·迈耶（August Mayer）给他哥哥写信：

可怜的荷尔德林想出版一本年鉴，每天都要写好几页。今天，他给了我一整个文件夹让我阅读；我将为您抄录几段。下面是一首关于孩子死亡的优美诗歌的结尾：

华美归属于孩子，
这也许就是上帝的尊荣，
他们拥有平和与静谧，
连天使都会向他们致敬。

1811年

（Die Schönheit ist den Kindern eigen,
Ist Gottes Ebenbild vielleicht,
Ihr Eigentum ist Ruh und Schweigen,
Das Engeln auch zum Lob gereicht.）

下面是一首题为《声名》(*Der Ruhm*）的诗中的几行有趣的诗句：

上帝赐予我们悦耳的歌声
因为它十分真切
名声在外的生活确实既伟大又简单，
无论是行走还是骑马。
一切世俗的快乐、友善和物品，
花园、树木、葡萄园和葡萄园的主人，
都是天堂的写照
圣灵赐予我们永远富足的儿子。
如果一个人被赐予了丰盛的物品
如果果实装饰了他的果园，

黄金装饰了他的家园，

在这个世界上，还有什么能让他心满意足呢？

(Es knüpft an Gott der Wohllaut, der geleitet
Ein sehr berühmtes Ohr, den wunderbar
Ist ein berühmtes Leben gross und klar,
So geht der Mensch zu Fusse oder reitet.
Der Erde Freuden, Freundlichkeit und Güter,
Der Garten, Baum, der Weinberg mit dem Hüter,
Sie scheinen mir ein Wiederglanz des Himmels
Gewähret von dem Geist den Söhnen des Gewimmels.
Wenn Einer ist mit Gütern reich beglücket,
Wenn Obst den Garten ihm, und Gold ausschmücket
Die Wohnung und das Haus, was mag er haben
Noch mehr in dieser Welt, sein Herz zu laben?)

1811年

在孩子出生时：

天父将如何照顾
长大成人的孩子，
走过野花牧场，
和其他长大了的亲爱的人一起消磨时光。
同时，也要为自己的生命感到欣喜，
从真正的灵魂中发出
高贵的奋斗之美，
神之理性赋予你更大的价值。

（Wie wird des Himmels Vater schauen
Mit Freude das erwachs’ne Kind,
Gehend auf blumenreichen Auen,
Mit andern, welche lieb ihm sind.
Indessen freue dich des Lebens,
Aus einer guten Seele kommt
Die Schönheit herrlichen Bestrebens,
Gottlicher Grund dir mehr noch frommt.）

这些诗句打动了我："我已经品味了人生的安逸……"

我已经品味了人生的安逸，并持续着如此下去，
但青春岁月已经过去很久很久
四月、五月和七月早已逝去
我已一无所有，不想再如此活下去。

（Das Angenehme dieser Welt hab' ich genossen,
Die Jugenstunden sind, wie lang! wie lang! verflossen, April und Mai und Julius sind ferne
Ich bin nichts mehr, ich lebe nicht mehr gerne!）

1月21日 克纳写信给弗里德里希·德拉莫特·福克（Friedrich de la Motte Fouqué）：

您知道我国诗人荷尔德林吗？尽管他已身

败名裂、疯疯癫癫，但他仍在写诗，尽管这些诗大多令人费解。但今天一位朋友给我寄来了这些动人的诗句，显然是在他的文件中发现的，完全可以理解：

我享受着世上美好的事物……

（Das Angenehme dieser Welt hab’ ich genossen ...）

范哈根（Varnhagen）认识他本人。请为他抄写这些诗句，因为我不知道他住在哪里。

1月下旬，克纳在海德堡出版了一本名为《旅行之影》的小册子。故事中的人物包括一个化学家、一个教区牧师、一个木匠和一个名叫霍尔德（Holder）的疯狂诗人，霍尔德的灵感显然来自荷尔德林。文字带有明显的讽刺和无厘头色彩：

我的朋友霍尔德一认出我，就深情地拥抱了我，说："我在这里，在这个小镇上，在你向北的旅途中遇见你，真是双喜临门：因为在星与歌的交汇处，在晚宴的酒杯像彗星一样划过天空的地方，诞生了一片海，北方的海，铁就诞生在海上面——从北方。未完成的事将会到来：因为铁指向北方，它的精神——磁铁，也指向北方。"说到这里，他狂喜地抽搐起来，又说："请赐予我大地的金属之魂和它的黄金之眼！不要让傲慢无礼的大众泛滥成灾，不要让你们的四肢断裂！哈哈哈！这就是我想要的生活方式！"

毫不奇怪，当迈耶给齐默尔看这段文字时，后者认出这个木匠是在戏仿自己，他把书扔到桌子上，惊呼道：

……白痴就是白痴，白痴甚至可以被原谅，但描写生活中的其他人——我不是指我自己，我在这里无关紧要，而是恶搞像荷尔德林这样一个可怜的疯子——这太蠢了，暴露了作者的品格十分下作。

10 月 14 日　齐默尔写信给荷尔德林的母亲：

昨天，我又和你亲爱的儿子一起出去了，他站在我父亲的李子树下，当有人摇动李子树，一串李子落在他头上时，他开心地笑了。在回家的路上，我们遇到了康兹教授（原文拼错了康兹教授的名字，拼成了 Konz）。您的儿子立即回答说："您叫我'大师先生'（Herr Magister）……"康兹道歉说："我们这些老熟人之间的称谓并不重要。"然后，他从口袋里拿出一卷荷马的作品，说："你看，我带着我们的老朋友。"荷尔德林翻出一段话，交给康兹读，康兹兴致勃勃地读了起来，令贵公子如痴如醉。然后，康兹说"再见了，图书管理员先生"，这让您的儿子非常高兴。但仅仅三天后，他就暴跳如雷，坚持要大喊：“我不是大师，我是国王的图书管理员！”他冲出去，生了很长时间的闷气，但现在他又恢复了平静。

1812年

2月5日 在给黑格尔的信中，辛克莱尔回忆说，“我们精神之约，尽管命运已将其撕裂”，以及与荷尔德林和兹威林共度的日子，“这些日子将永远难以忘怀”。

4月19日 齐默尔写信给荷尔德林的母亲：

尊敬的枢密使夫人：

您亲爱的荷尔德林（这里齐默尔拼错了荷尔德林的名字，拼成 Hölderle）变化很大，一段时间以来，他的身体日渐消瘦，但食欲却比往常旺盛。在过去的四个月里，他比往常更加平静，即使在发作时也不怎么喘气，而且一般都能很快恢复。

但大约十天前，他开始在夜里躁动不安，并开始在我的工作室里踱来踱去，自言自语。我起身问他感觉如何，但他求我回床上去，让他一个人待着。他神志完全清醒，他说："我不能躺在床上，我必须走动，你可以放心，我不会对任何人做任何事，回去睡觉吧，我亲爱的齐默尔。"然后他中断了谈话，我别无选择，只能再次上床睡觉，以免刺激到他，于是我让他随心所欲。

到了早上，他平静了下来，但摸上去非常热，而且口渴，就像一个发烧发冷的人。他越来越虚弱，以至于躺在床上，到了午夜，他已经大汗淋漓。

第二天，他摸起来更热了，也更渴了，然后出了很多汗，床和他身上穿的所有东西都完全湿透了。这种情况又持续了几天，然后他的嘴上出现了疹子，虽然他的体温、口渴和出汗逐渐消失了，但不幸的是，他的颤抖仍然存在，虽然很强烈，但没有以前那么强烈了。现在，他又下床活动了一整天，表达也很有礼貌。他的目光亲切，甚至和蔼可亲，还会弹琴唱歌，非常通情达理。最难得的是，从那天晚上开始，他再也没有一丝烦躁不安，而以前他每天至少会有一个小时的烦躁不安。就连他房间里的气味也消失了，尤其是在早上，那股气味非常浓烈。

我给医学教授格梅林（Gmelin）打了电话，他是您儿子的医生，但他无法对您儿子的状况作出任何准确的预测。不幸的是，亲爱的夫人，我不得不写下我感受……

他一直颇具诗兴；他在我的住处看到了一张神殿的图纸，要求我用木材为他建造一座神殿。我回答说，我每天都要挣钱养家，我不像他那么幸运，不能生活在哲学的宁静中，他回答说："哦，我是个穷人。"下一分钟他就拿起铅笔在黑板上写下了这些诗句：

生命之路丰富多彩，对比鲜明
就像一条条小路，在群山间蜿蜒环绕。

这里的一切，那里的上帝都能舒展，
呈现和谐、回报与永恒的和平。

（Die Linien des Lebens sind verschieden
wie Wege sind, und wie der Berge Gränzen.
Was hir sind, kann dort ein Gott ergänzen
mit Harmonien und ewigem Lohn und Frieden.）

至于他的食宿，你可以放心。我妻子怀孕的最后几天很顺利，她能够亲自照顾你的儿子。她前天生下了孩子。不幸的是，婴儿在几小时内就夭折了，但感谢上帝，她已经康复，脱离了危险。

我随信附上您儿子的账单；我们现在必须一直给他的房间供暖，因为他很容易着凉，所以我们不得不买更多的木柴。早餐时他又要喝咖啡了，然后我们自己给他做饭。

81 天的开支　32 古尔登和 24 克鲁泽尔

69 杯葡萄酒	6F.54K.
鼻烟	1.21
木材	3.18
洗衣	3
整个冬天的照明	1.36
	48.33
减去	6
合计	42.33

您忠实的仆人，恩斯特·齐默尔

9 月 15 日　荷尔德林写信给他的母亲：

我尊敬的母亲：

我非常荣幸地告诉您，收到您的来信，我感到欣喜万分。

您的精彩言辞让我受益良多，除了对您的感激之情，我还要对您的良苦用心深表感激。您的仁慈之心和有益的箴言总能让我欢欣鼓舞，并付诸实践。您寄来的衣服也非常适合我。我必须抓紧时间，但请允许我冒昧地补充最后一点意见：您建议我举止得体，我希望这既有效又能得到您的赞赏。

请允许我荣幸地称呼自己为，

您最亲爱的儿子

荷尔德林

（这封信形式上十分浮夸，这是荷尔德林与外界交流的特点。事实上，这是他有意识地、近乎戏谑地与对话者保持距离的一种方式，这在他与母亲的通信中尤为明显，母亲一直表示完全不理解儿子的抱负；事实上，她的一个“美好愿望”就是希望儿子能成为一名教区牧师。）

1813年

年初，荷尔德林写信给他的母亲：

我尊敬的母亲：

我想利用齐默尔先生的慷慨之举，向您寄去我的思念，并再次向您表达我对您的敬意和真挚的感情。您的清澈善良长久以来一直启迪着我，您永远的温柔和道德影响对我如此有益，堪称典范。无论是为了表达我对您应有的敬意，还是为了纪念您这位伟大的母亲，我对此都始终铭记在心！如果我不能像您招待我那样愉快地招待您，那是因为我对您的奉献中隐含的自我否定（das Verneinende）。我对您的钦佩之情依然强烈；您的仁慈是多么经久不衰，我对您的记忆是多么亘古不变，可敬的母亲！我珍惜每一天的时光，您的健康没有受到任何伤害，您有一颗确定不移能够取悦上帝的心，我在您身边度过的时光，正如我所见（wie mir scheinet），令人难忘。我希望并坚信，您将永远安好，您将在这个世界上感到快乐。我很荣幸能自称为您忠诚的儿子。

您忠实的儿子

荷尔德林

（这封信和前一封信一样，都是反讽的杰作。值得注意的是，荷尔德林在给母亲的信中特意强调了自己的名字。与此同时，他毫不留情地表达了对母亲对他态度的不满——注意“否定”（das Verneinende）这一奇特的表达方式——将这种不满薄薄地掩盖在一层空洞的仪式感之下。他之所以觉得与她共度的时光令人难忘，原因在于“如我所见”（wie mir scheinet）这一不和谐的表达。总之，荷尔德林行为中的许多以前被认为是疯狂的因素，都可以被解读为一种微妙的、有预谋的反讽的结果）。

1月30日　福克在信中回复了克纳寄给他的荷尔德林的一些诗作："我对荷尔德林的诗作表示最衷心的感谢。它们让我的整个灵魂都感到欣慰，并将收录在即将出版的名为《女性读本》（*Frauentaschenbuch*）的诗集中。"

3月2日　齐默尔写信给荷尔德林的母亲：

> 荷尔德林表现良好，一直很开心。您寄来的烟斗让他很高兴。他认出了烟斗，并告诉我："这是我在法兰克福买的。"然后他又补充道："在法兰克福我需要很多钱，但远远不够用来资助我的旅费。"无论发生什么事，您都可以放心，我们会照顾好您亲爱的儿子。他的丝袜还没有破到需要缝补的地步。据我所知，他什么都不缺……
>
> 您忠实的仆人，恩斯特·齐默尔

附注：我问荷尔德林是否也想给您写信，但他似乎并不想。

这一年晚些时候，荷尔德林再次写信给他的母亲：

我尊敬的母亲：

我怀着喜悦的心情，出于对您的幸福、健康和寿命的关心，给您回信了。当您教导我——嘱咐我恪守诚实的行为、美德和宗教信仰——这样一位好母亲的慈爱，这样一种可敬可佩的关爱，对我来说，就像一本好书一样有用，就像最高的教义一样有益于我的灵魂。您虔诚、贤惠的灵魂浑然天成，在凡间无可比拟；我指望您基督徒的宽恕，最亲爱的母亲，也指望我不断完善自己的愿望。在我的灵魂得到智慧的充实，能够更好地用语言表达自己并引起您的兴趣之前，我的交流能力将仅限于表达我对您的深情依赖（Anhänglichkeit）。我冒昧地请求您以虔诚的母爱之心照顾我，并赞扬您一贯的卓越表现。我相信，您对一切美好事物的热忱和稳步前进将达到目标。

我向您致敬，最可敬的母亲，并仍然是您最真诚的，

忠诚的儿子

荷尔德林

1814年

2月22日 齐默尔写信给荷尔德林的母亲：

尊敬的枢密使夫人：

我收到了您最近的来信，信中附有最近四个月的付款情况……您亲爱的荷尔德林非常乖巧，没有比这更好的了。他对自己的圣诞礼物非常满意——外套并不宽，甚至还有点短。洛施高（Löschgau）教区牧师的来信也让他非常高兴。他说："那个人在我年轻时对我很好。"他还非常喜欢博伦多尔夫的书，感叹道："唉！那个好人死得太早了，他是库尔兰人。我在洪堡见过他，他真的是我的好朋友。"我不得不说，你亲爱的荷尔德林不再躁动不安了，他平静而满足。我的小儿子已经开始弹钢琴了，您亲爱的儿子也经常喜欢弹钢琴。他可以按照乐谱弹奏，但通常更喜欢根据自己的想象力即兴创作……

10月1日 克莱门斯·布伦坦诺写信给拉赫尔·范哈根："如果您还没有读过荷尔德林的《许帕里翁》，请尽快读完；这是我国，甚至是全世界最杰出的著作之一。"

荷尔德林在这一年中两次写信给他的母亲：

我尊敬的母亲：

我不认为我在这些信中重复自己是一种负担。您的温柔和超凡的善良重新唤起了我的感激之情，而感激是一种美德。我时常想起与您共度的时光，尊敬的母亲，并认识到它的重要性。您树立的令人难忘的好榜样将一直伴随着我，鼓励我遵循您的指示，模仿您的行为举止。

我将继续向您表达我诚挚的敬意，

您最忠实的儿子

荷尔德林

请向我亲爱的妹妹致意。

（当我们想起荷尔德林的母亲从未到图宾根探望过她的儿子时，这里的距离就会有一种莫名的讽刺意蕴。）

尊敬的母亲：

我认为自己很幸运，能有这么多机会用文字表达我对您的敬意。我想我可以说，用文字表达的美好想法并不是徒劳的，因为人类的情感也是由人性中固有的内在规律所塑造的。它们的恒久性和益处使它们变得有趣，因为它们表达了基督教的价值观。人类似乎很容易习惯于可靠性，这种纯粹性显然符合他们的倾向。这种亲密关系似乎还具有巨大的力量，因为它有助于安抚人类的灵魂并赋予其力量。在人类能够接受的范围内，神性奇妙地获得了比人类更自然的关注度。请原谅我如此漫不经心地说话。无论看起来多么严重，照顾自己的倾向是由人类精神所支撑的；由于内心的倾向，它也会使生活变得温和，从而使人变得更加敏感。我必须再次请求您的原谅，因为我的信写得太突然了。

我仍将致以最诚挚的敬意

您忠实的儿子

荷尔德林

1815年

4月29日　辛克莱尔在维也纳会议期间意外去世。荷尔德林对这一消息的反应没有记录。

荷尔德林作为“阁楼诗人”的声誉在图宾根的大学生中日益彰显。阿尼姆（Arnim）和布伦塔诺继续关注他的作品。

三月时，阿尼姆曾写道：

> 如果把德国所有沉沦于疾病、自杀或因可憎的职业而陨落的伟大灵魂数一数，那真是一份可怕的名单！荷尔德林在他的《许帕里翁》中表达得淋漓尽致：“凡是热爱美的民族，凡是崇尚艺术家天才的民族，就会像生命的气息一样吹出一种普遍的精神，腼腆的心灵会舒展开

来，自负会消融，所有的心灵都虔诚而伟大，灵感会产生英雄。所有人的家园都在这样的民族之中，异乡人喜欢在那里逗留。但是，在神性及其艺术家被如此践踏的地方，哦！人生最大的快乐已荡然无存，任何其他星星都比地球好。在那里，所有的人，尽管生来美丽，却变得越来越野蛮，越来越虚弱；奴性滋长，随之而来的是粗鲁的勇气；无节制伴随着忧虑滋长，富裕伴随着饥饿和对饥荒的恐惧；每一年的祝福都变成了诅咒，所有的神都飞走了。”这位天才如今疾病缠身，穷困潦倒，疯癫如斯；但他依然健在，但我们却失去了他，因为他在如此黑暗的时代所承受的痛苦打开了我们的心扉，使我们的灵魂摆脱了贫困的束缚。

4 月 18 日　荷尔德林写信给母亲：

我尊敬的母亲：

　　如果我以前的信没能让您完全满意，也许

更频繁的关注会传达我的善意。这也是一种锻炼。习俗的锻炼将人们聚集在一起，他们的思维方式和人际关系也在更广阔的人类背景下汇聚在一起。然而，最亲密的思维方式仍然是感恩、宗教和坚定的关系。我将一如既往地恪守您的善意，真诚地，

您忠实的儿子

荷尔德林

7月8日　古斯塔夫·施瓦布在日记中写道：

后来布伦塔诺来了，但他一直保持缄默，直到我们和萨维尼一起出发，因为萨维尼要去接他的妻子。沿着两旁种满菩提树的道路，他尽情地发挥着他的智慧、他的激情，以及他的肆无忌惮。除了莎士比亚和他的妹夫阿尼姆，他诋毁了所有的诗人。在他看来，歌德过于古典和刻意，乌兰特也是如此，虽然后者也有一些优点；蒂埃克（Tieck）最初很诱人，但却是

一个智力平平的无赖，他强迫朋友崇拜他，并与歌德闹翻，因为他无法与歌德的名气相抗衡……阿尼姆——又是他的小舅子——小拇指上的智慧和诗意显然比蒂埃克整个浮肿的身材还要多。当布伦塔诺还是耶拿的一名学生时，第一次见到蒂埃克，他就肃然起敬；当两个施莱格尔走在街上，蒂埃克走在中间时，他仿佛看到了圣父、圣子和圣灵在漫步。现在，他对事物的看法截然不同，他的最高理想是荷尔德林。

1816年

荷尔德林写给母亲的信（未注明日期，可能是1816年初的信）：

我尊敬的母亲：

我又给您写了一封信。您一定还记得我以前用几乎相同的表达方式写过的信。我希望您一切安好，并将继续安好。

我向您致以最诚挚的问候

您忠实的儿子

荷尔德林

1月28日 阿尼姆写信给萨维尼："荷尔德林

说，人的嘴十分贫乏，但即使我们的嘴是满的，我们也几乎无话可说。”

这一年晚些时候，荷尔德林再次给母亲写信：

我尊敬的母亲：

您知道，我总是很乐意给您写信。您知道我已经变成了什么样子，而我也习惯性地认为，我让人理解自己的方式是必须的。请继续给我写信，我将以应有的礼貌给您回信。

我仍然是

你忠实的儿子

荷尔德林

12 月 布伦塔诺写信给路易斯·亨塞尔（Luise Hensel）：

我现在想起了我所知道的最可爱的诗。这是这位诗人唯一一首对我产生神奇魔力的诗；它给我带来平静，让我感觉仿佛头顶上的天已经打开，我躺在这广阔的天空下，就像一个孩子躺在母亲的膝上……我将为你抄录这首诗……荷尔德林的《夜》：

（“面包与酒”，第 1—17 行）：

城市环绕休息。
灯火通明的街道渐渐变得寂静，点着火把的马车匆匆驶过。
饱尝了一天的欢乐，大家都回家休息了，
聪明的头脑计算着得失
回到家中，心满意足。葡萄、鲜花
熙熙攘攘的集市变得寂静无声。
但远处的花园里却回荡着弦乐，那里
也许是情人在狂欢，也许是孤独的人在思念
远方的朋友和自己的青春。喷泉
流过芬芳的花圃。
钟声在暮色中轻轻响起，守夜人、
守望者铭记时间，报时。

1816年

一阵微风拂过，轻抚着小树林的树冠
看！月亮，地球的影子
也悄然升起。慷慨激昂的夜晚来临了，
满天星斗，人类如此陌生、
忧伤而又绚烂，照耀着山顶。

（Rings um ruhet die Stadt; still wird die erleuchtete Gasse,

Und, mit Fackeln geschmückt, rauschen die Wagen hinweg.

Satt gehen von Freuden des Tags zu ruhen die Menschen,

Und Gewinn und Verlust wäget ein sinniges Haupt

Wohlzufrieden zu Haus; leer steht von Trauben und Blumen,

Und von Werken der Hand ruht der geschäftige Markt.

Aber das Saitenspiel tönt fern aus Gärten;

vielleicht, dass

Dort ein Liebendes spielt oder ein einsamer Mann

Ferner Freunde gedenkt und der Jugendzeit; und die Brunnen

Immerquillend und frisch rauschen an duftendem Beet.

Still in dämmriger Luft ertönen geläutete Glocken,

Und der Stunden gedenkt rufet ein Wächter die Zahl.

Jetzt auch kommet ein Wehn und regt die Gipfel des Hains auf,

Sieh! und das Schattenbild unserer Erde, der Mond,

Kommet geheim nun auch; die Schwärmerische, die Nacht kommt,

Voll mit Sternen dort, die Fremdlingin unter den Menschen,

über Gebirgeshöhn traurig und prächtig herauf.)

1817年

2月27日 克纳写信给乌兰特，在提到诗人穷困潦倒时，引用了荷尔德林的诗《旅途》(*Die Wanderung*)，塞肯多夫曾在1807年的《缪斯年鉴》上发表过这首诗。我们将拭目以待——我们都将陪伴荷尔德林前往高加索。

他提到的诗句是：

但我向往的是高加索！
就在今天，我听到
微风说
诗人必须像鸟儿一样自由。

（Ich aber will dem Kaukasos zu!
Denn sagen hört ich
Noch heut in den Lüften:
Frei sei'n, wie Schwalben, die Dichter.）

这一年晚些时候，荷尔德林写信给他的母亲：

尊敬的母亲：

如果我总是用这么短的信来打扰您，请不要嫌弃我。我觉得有必要为这种通信方式道歉。

我必须就此结束了，
但我仍然是，
你忠实的儿子

荷尔德林

1818年

荷尔德林写给母亲的两封信：

最亲爱的母亲：

既然齐默尔先生如此友好地允许我给您写信，我就放心了。我把自己托付给您的仁慈。您一定不会抛弃我。我希望能尽快见到您。

我衷心祝愿

您忠实的儿子

荷尔德林

尊敬的母亲：

我又给您写信了。重复自己写过的东西并非总是多余的。如果一个人是在劝诫自己向善，说一些严肃的话，那么，如果他重复自己以前说过的话，而不是总想出一些新颖的东西，也不会被人认为是错误的，这是有根据的。我就满足于此。我将继续向您致以崇高的敬意，

你忠实的儿子

荷尔德林

1819年

荷尔德林写给母亲的两封信

我尊敬的母亲：

优秀的齐默尔夫人叮嘱我不要忽视给您写信表达我一直以来的奉献之情的职责。人们必须履行的义务包括儿子对母亲的奉献。人与人之间的关系是受规则约束的——实践和遵守这些规则会使它们显得不那么苛刻，更适合自己的内心。请接受并满足我这一持久奉献的标志。

我仍然是，

你忠诚的儿子

荷尔德林

尊敬的母亲：

我冒昧地再给您写一封信。我已经说过的话，我再重复一遍，因为我知道您已经知道了。祝您一切顺利。请原谅我的简短。我向您致以崇高的敬意，并将继续是，

你忠实的儿子

荷尔德林

1820年

5月10日 克纳写信给卡尔·迈耶，建议他：

> 为了整个国家的利益和荣誉，收集并出版荷尔德林的诗作。他是符腾堡州唯一的挽歌诗人，却一直被人遗忘，埋没在图宾根木匠的废料堆里，实在令人遗憾。我无法亲自出版这些诗作，因为我手头没有他以前发表诗作的年鉴和杂志。豪格（Haug）和诺伊弗是最好的人选……和施瓦布谈谈，因为他也可以做，或者请合适的人去做。

8月29日 辛克莱尔的朋友、步兵中尉海因里希·冯·迪恩斯特（Heinrich von Dienst）建议科塔出版一部荷尔德林诗集，并重新发行《许帕里翁》：

多亏了已故的秘密顾问辛克莱尔（这里名字拼错，拼成Sainclair），我发现自己得到了《许帕里翁》的作者荷尔德林的诗歌手稿，其中有六页打印稿，其中一些已在各种刊物上发表，但据我所知，还有一些尚未出版。辛克莱尔曾打算好好出版他这位可怜朋友的诗作，在他去世后，我也打算这样做，但战争和其他各种因素，尤其是我对作者的情况和亲密关系完全不了解，使我未能如愿。我甚至不知道他是否还活着，是否还生活在图宾根的老家，也不知道他是否有亲戚可以为这本小诗集添加其他作品并最终出版。

建议书列出了33首诗歌，包括《帕特莫斯》《莱茵河》《追忆》《生命的一半》《秋祭》《漫游》和《虚弱》。这本诗集的既定目标是防止“像荷尔德林这样的精神被迅速遗忘，甚至从我们的文学中完全消失”。迪恩斯特提议由温克尔曼的出版商约翰内斯·舒尔茨（Johannes Schulze）作序，并由“普鲁士的威廉公主殿下”赞助，荷尔德林曾将他翻译的《安提戈涅》献给了威廉公主殿下。

荷尔德林在给母亲的信中写道：

我尊敬的母亲：

感谢您最近的来信。根据您的来信，我确信您身体健康，生活美满。既然您问我应该如何对待您，我就回答您，我会尽我所能与您保持良好的关系。我仍然是，

您忠实的儿子

荷尔德林

9月7日 科塔接受了迪恩斯特的求婚。与此同时，迪恩斯特在他的文件中发现了荷尔德林的其他手稿，并着手为作品集寻找更多作品。

9月25日 迪恩斯特回复科塔：

> 一旦我得到荷尔德林的全部遗赠，我将尽我所能按照作品出现的时间顺序排列……一旦我完成了这项工作，舒尔茨大参赞将负责校对，并监督序言的撰写，然后将手稿寄给您。至于这本文集的书名，以及是否应与《许帕里翁》合并为单行本出版，我们稍后再讨论并达成一致意见。

10月21日　豪格写信给克纳，大概是在得知后者的出版计划后，他说他相信“如果荷尔德林在世时由他人编辑出版他的诗作，他会感到痛苦”——这正是诗人后来在六年后诗集出版时的反应。

1821 年

3 月 10 日 迪恩斯特写信给克纳，告知他这一计划，并请求他如果有荷尔德林的其他诗作，“请告诉我，并告诉我在哪些刊物上可以找到他以前发表的诗作”。同月晚些时候，克纳写信给乌兰特，对“一个外国人（奥斯兰德）”负责出版工作表示遗憾：“一个外国人来处理我们可怜的同胞的工作，实在是太可惜了。”克纳随后联系了荷尔德林同父异母的兄弟卡尔·戈克（Karl Gok，诗人一直视其为兄弟）和康兹，建议他们接手这项工作：“当然”，他在给戈克的信中写道，“希望你一定承担起编辑和出版这部作品的任务，为此我们对祖国和亲爱的朋友深表感激”。

荷尔德林写信给他的母亲：

我尊敬的母亲：

我写信给您，是因为我相信您也希望我这样做，而我也愿意这样做。如果您有任何消息，请告诉我。

我仍然是您最忠实的儿子

荷尔德林

4 月 9 日 康兹写信给克纳，建议他用荷尔德林 1792—1793 年在施陶德林出版的“相当不错”（recht brave）的诗歌来扩充诗集：

他后期的诗作当然不是他最好的诗，尤其是他开始发疯时期的诗作，其中许多（半疯狂的）诗作在法兰克福出版。总的来说……收集这些诗歌是一项微妙的工作。我自己曾尝试过一次，并与科塔谈过，但他的回答一如既往地体现出科塔先生的狭隘和顽固。荷尔德林的母亲和姐姐保存了他的许多论文，我挑选了相当一部分——这部分论文如同恶魔一般，带有唯心主义哲学色彩，天马行空式的口述，但也有一些真正真诚的东西……我有一年没见过荷尔德林了……虽然他以前经常来。夏天的时候，他经常来我的花园，说几句半懂不懂的话，但很快又沉浸在他惯常的喋喋不休的半法语半德语的话语和“阁下”“最尊贵的殿下”之类的冠冕堂皇的恭维话中，目光迷离地望着远方的天空，面无表情，就像您自己看到的那样。一段时间以来，他安静了许多，不再像以前那样喜欢到院子里去了。也许今年春天我应该去看看他。

5月中旬 康兹再次写信给克纳，建议收录他的新诗，并汇报了他拜访荷尔德林的情况：

我确实去拜访了他，先是在齐默尔的房间里与他交谈，然后在厢房里与荷尔德林交谈……荷尔德林现在非常平静，但也比我上次见到他时显得苍老了许多。在我们的整个谈话过程中，他没有一句废话，但遗憾的是也没有一句有意义的话。遗憾的是，他仍然坚持使用他惯用的问候语“阁下”“尊贵的殿下”等等。我只是勉强提起了出版他的诗和诗集的话题，他只是回答说：“遵命！”

值得注意的是，即使是善意的朋友也会认为荷尔德林的诗歌和哲学著作是在人们认为他精神错乱的状态下写成的，尽管唯一的证据似乎就是诗人过于隆重的问候。荷尔德林每天都与齐默尔交流，却不使用礼节性的称谓——齐默尔是第一个提出这种假设的人，他认为诗人在决定中止与几乎所有其他人的交流后，就用这种方式与来访者保持距离：

你可能听说过他给拜访他的陌生人冠以崇高头衔的习惯。这就是他与人保持距离的方式。请不要误会，尽管如此，他还是一个自由的人，你们不要踩到他的脚趾……当他用这样的称谓称呼你时，代表着他在说“别来烦我”。

一个月前，即4月20日，戈克写信给克纳，告诉他在纽廷根发现了一本小诗集。荷尔德林在17岁至19岁期间写下了这些诗，“与其说是为了出版，倒不如说是为了给家人留作纪念”。与此同时，戈克还转述了诗人母亲的担忧，她担心在没有采取适当预防措施的情况下出版他的诗集可能会扰乱他的心境，“感谢上帝，此刻他的心境显然相当平静”。他还说：“前年我从瑞士回来的路上拜访了可怜的荷尔德林，你可以想象见到他给我留下了多么深刻的印象。他看上去和他的年龄相仿，友好而平静，但我深感委屈的是，我发现他的精神仍然如此不在状态，以至于他没有认出我来。”

在这里，齐默尔的描述也十分翔实：“荷尔德林无法忍受他的亲戚，当他们多年后来看他时，他被激怒了。我听说他兄弟娶了他曾爱过的女人。”

无论如何，戈克似乎阻碍而非促进了其兄诗作的出版，他先是暗示《许帕里翁》的再版可能会受到审查，然后又建议克纳作为“令人景仰的民族诗人”亲自监督科塔计划中的版本。

8月14日 科塔写信给戈克，同意重新出版《许帕里翁》，但没有提及其他诗集。随后，11月22日，在交换信件后，他提议为《许帕里翁》的再版支付100古尔登的酬金，为诗集支付1卡罗林（11古尔登）的酬金，如果在四年内售出500册，还可获得1卡罗林的奖金。

荷尔德林写信给母亲：

我尊敬的母亲：

我必须经常向您保证，我是多么感激您的善良，您的优秀品质是多么激励我效仿您的美德。懂得鼓励他人美德和进步的人是幸福的，因为他们看到了自己树立的榜样是如何弘扬美德，从而对他人的心灵产生积极的影响。幸福本身是快乐的，但它之所以快乐，还因为人们给予它的体贴，以及希望它能得到其他人为善

而努力的支持。我相信你们会对这几句话感到满意。我仍然是

您忠实的儿子

荷尔德林

9月1日 戈克给科塔回信，建议他把《许帕里翁》第二版的稿费分一半给迪恩斯特，另一半以荷尔德林的名义捐给最近成立的希腊解放协会，“我兄弟的精神家园”。他还说，他可以在迪恩斯特计划出版的43首诗集的基础上再增加一半以上，并提出了额外的建议：在一位民族诗人的支持下，我们可以确保这本诗集有一个适当的序言，概述荷尔德林生平最突出的方面，并尽可能微妙地暗示他不幸的命运。

10月10日 迪恩斯特代表他本人和舒尔茨在信中拒绝支付报酬：“这既是因为我们无意谋取这种不正当的利益，也是因为我们最初是与普鲁士的威廉公主殿下合作开始这项计划的，而威廉公主殿下参与这项计划的唯一和最纯粹的目的就是获得荷尔

德林的个人支持。”他还说，这本书由克纳、福克和舒尔茨编辑，并指出“在语言学和美学领域享有盛誉”的舒尔茨为这本书写了序言。

在接下来的两个月里，戈克、科塔、克纳和迪恩斯特就所提出的稿费问题交换了一系列信件，这让迪恩斯特感到无法接受（“我不明白科塔，我听说他在这些问题上通常都很慷慨，怎么会提出如此糟糕的条件”）。12月初，戈克接受了《许帕里翁》100古尔登的稿酬，并推迟了诗集的出版，等待选题的完成。随后，迪恩斯特代表自己和舒尔茨写信，出人意料地建议戈克请“作为荷尔德林的同乡和老朋友”的克纳撰写序言，并担任该版本的编辑。

12 月 29 日　克纳给戈克写信说，他不能“像迪恩斯特所暗示的那样担任编辑，因为这会有损于诗作，而不是有利于诗作”。然后他建议请乌兰特担任编辑。如果乌兰特拒绝，就不需要编辑了；这些诗可以直接以荷尔德林的名字出版，因为他还活着。他提议将这本书命名为《荷尔德林诗全集》（*Sämtliche Dichtungen von F. Hölderlin*）。

同月，克纳的堂兄伯恩哈德·戈特利布·登泽尔（Bernhard Gottlieb Denzel）写信给他：

> 荷尔德林最好的诗作可以在18世纪90年代的年鉴中找到。其中一些还出现在1797年至1800年间的《莱茵读本》(*Rheinischen Taschenbuch*）上。后者的编辑是一位牧师或教授；我已记不清他的全名了，但他的名字是以R开头的。离开法兰克福后，他留在了洪堡，并开始创作他的《索福克勒斯》(尽管他的翻译显示出他精神失常的迹象)。从那以后，我再也没有读过他的任何作品。

1822年

1月17日 戈克要求科塔为诗集的出版提供“更合适的稿酬”。

1月27日 在得到科塔的肯定答复后，戈克提出每页3达科特的稿酬，科塔接受了这一建议。

1月30日 科塔告诉戈克，合同已经在路上了，不过还要再等三个月。就在几天前，乌兰特写信给克纳，确认他将担任编辑：“我很高兴看到荷尔德林的诗集完成。正如我已经告诉戈克的那样，我很乐意提供帮助。我最近重读了《群岛》——这是一首多么壮丽的诗篇啊！”

3月18日 戈克写信给克纳，说他已将诗集手稿转交给乌兰特，乌兰特“对这本诗集表示由衷的欣慰，这本诗集将比以前所有零散的出版物加起来更能引起人们对荷尔德林诗歌精神的关注”。戈克确认，乌兰特将把手稿版本与印刷版本进行比较，并作出所有必要的修改，他将与教授合作完成这项繁重的任务。

> 他将与施瓦布教授合作完成这项繁重的任务。乌兰特同意您的意见，即出于对可怜诗人的尊重，应避免任何不相干的干预；只需以荷尔德林的名义出版这些诗作，并在晨报上发布公告，告知公众新的发行……乌兰特认为，我曾向迪恩斯特提议将这本诗集献给黑森-洪堡家族的一位成员，但这是不必要的；我只需以荷尔德林的名义向公主殿下寄送一本豪华版的诗集即可，无需印刷献词。

4月18日　卡尔·齐勒（Karl Ziller）从罗伊特林根（Reutlingen）写信给戈克，说他收到了梅肯夫人（Frau Mäken）寄来的一首荷尔德林诗，她“认为这首诗可以与席勒的《希腊诸神》相媲美”。他抄录

了这首非同寻常的诗歌“希腊之地”（*Griechenland*）的一部分，开头是

哦，你们命运之声，你们旅人之道！

（O ihr Stimmen des Geschicks, ihr Wege des Wanderers!）

两个月后的6月18日，齐勒又收到了一首失传诗作《沃默庄园》（*Vomers Landgut*）的手稿片段，他注意到其中“既有田园诗的韵调，也有对希腊史诗的成功模仿，并在高度诗意的推动下进行了独特的再创作”。

5月14日 科塔给戈克寄去了拟出版荷尔德林作品的合同。关于“诗歌全集的第一版，将在手稿完成并经克纳和施瓦布编辑后立即出版”，合同规定每页印刷费为3达卡，如果在四年内售出500册，还将额外奖励3达卡。

荷尔德林写信给母亲：

我尊敬的母亲：

我给您写信，在我力所能及的范围内，我不会说任何可能让您不高兴的话。您的福祉和灵魂状态对我来说至关重要。如果你能对此感到满意，那就是帮了我一个大忙。您已经知道我有多么虔诚地祈祷，我只能希望我不会惹您生气。我仍然是

您忠实的儿子

荷尔德林

7月3日　威尔赫姆·魏布林格（Wilhelm Waiblinger）首次拜访了荷尔德林。最后，他撰写了第一部荷尔德林传记，1831年在莱比锡出版——1830年，年仅26岁的魏布林格在罗马去世。以下是他的日记节选：

回到乌拉赫……我收到了才华横溢的荷尔德林的一首诗。乌兰特和施瓦布即将出版他的作品集，我从豪格的描述中得知了诗人的可怕

命运。今天，我和沃姆去拜访了他。从内卡河畔爬上一条狭窄的石阶后，我们发现自己站在一个狭窄的街角，望着不远处一栋漂亮的房子。门前的招牌显示这是一家木匠店，所以我们知道来对了地方。爬上楼梯，我们遇到了一个特别漂亮的女孩。我说不清楚最让我着迷的是什么——是她那双大而有神的眼睛，还是她酷似菲利普，或是她那纤细柔嫩的脖子，或是她那可爱年轻的胸脯，或是她那和谐娇小的身材。当她问我们想要什么时，我如痴如醉地盯着她。透过一扇敞开的门，我们瞥见一个男人站在一间粉刷得像露天剧场般狭小、俭朴的房间里。他一只手插在长裤里，开始对我们滔滔不绝地恭维。女孩小声说："就是他！"这个阴冷的身影让我感到不适，但我还是走了过去，递给他一封来自宫廷议员豪格（Hofrath Haug）和高级财政议员魏瑟（Oberfinanzrath Weisser）的推荐信。荷尔德林右手搭在门边的板条箱上，左手插在裤袋里；他披着一件汗渍斑斑的衬衫，一双有神的眼睛怜悯而凄凉地望着我，令人不寒而栗。

然后，他称呼我为“殿下”，其余的话要么部分语焉不详，要么部分听不懂，还经常夹杂着法语。我像一个死刑犯一样站在他面前，舌头僵硬，目光呆滞，整个人充满了恐惧感。哦，看到最杰出、最有灵性的人——人性最丰富、最伟大的一面——沦落到如此悲惨的境地！仅仅二十年前，这个人的精神曾以一种难以言喻的神奇方式充分表达了自己的思想，将一切都卷入了一场深邃的诗意旋风，而现在，他却没有一个清晰的概念，甚至连最微不足道的事情都不知道——哦，这足以让人抛弃上帝！沃姆和我一样惊讶，荷尔德林问他是否认识豪格宫廷议员。他回答说，事实上，他和他很熟。荷尔德林随即鞠了一躬，在一片难以理解的声音中，“殿下”一词脱口而出。然后他又用法语说了一遍，并用一种恭维的目光看着我们，说：“我不能——我不能回答。”我们沉默了，女孩邀请我们在门槛上和他说话。然后他喃喃地说："殿下，我正在考虑成为一名天主教徒。"沃姆问他是否对希腊最近的变化感到高兴——荷尔德林曾经以极大的热情拥抱过希腊世界——这时诗人再次向他致意，并在一连串难以理解的话语中说："殿下，请恕我不能——我不能回答。"他只说了一句理智的话：当沃姆告诉他，从他的房间望出去，开阔的乡村景色非常宜人时，他回答说："是的，是的，殿下，太美了，太美了！"然后他站在房间中央，鞠了几个躬，几乎鞠到了地板上，除了"殿下""阁下"之外，没有说任何我们能听懂的话。我们再也呆不下去了，只过了五分钟就匆匆赶往木匠的房间。这位漂亮、友好的女孩和她的母亲向我们讲述了他从来访那天起的整个故事。他已经疯了大约十六年，现在已经五十岁了。有时他会清醒过来，他的尖叫和躁动也会减少，但他从来没有完全好过。在过去的六年里，他整天在房间里踱来踱去，喃喃自语，却不做其他任何事情。到了晚上，他常常醒着，在屋子里转来转去，常常一直走到大门口。他通常会和木匠一起出去散步，或者在他拿到手的每一张纸上写写画画，胡乱涂鸦一通，不过他的涂鸦时不时地会有一些奇怪的意义。他给了我一卷这样的纸，我在上面读到了一些节拍正确但毫无意义的诗句。我问他我是否可以保留其中的一张，并注意到这些文字让人联想到频频重复的品达。我能理解的部分总是关于痛苦、俄狄浦斯或希腊的。我们道了别，下楼梯的时候，透过敞开的门，我们又看到他在房间里走来走去。我不禁打了个寒颤，这场景让我想起了在笼子里踱来踱去的动物。

在接下来的一天里，我一直无法忘怀这次突兀的拜访。我不停地想着荷尔德林。我也忘不了那个可爱的女孩，知道下次拜访时还能再见到她，我觉得很甜蜜。中午时分，我动身前往斯图加特，仍在做着荷尔德林和那个女孩的白日梦。当我离开时，她在楼梯上迎接我，手里拿着一个水壶。

奇怪的是，当荷尔德林自己递交一封推荐信时，他使用的是别人的官方头衔（宫廷顾问、高级财政顾问），而魏布林格却对荷尔德林给他的尊称感到惊讶。魏布林格不明白，诗人将这些尊敬的头衔用到每个人身上只是一种反讽。

8 月 6 日 魏布林格收到乌兰特寄来的一本《许帕里翁》。

> 荷尔德林让我激动不已。天哪，天哪！在一个疯子身上遇到这样的思想，这样微妙、崇高、纯洁的精神！我动弹不得。《许帕里翁》颇为压抑，但充满了精神活力……荷尔德林震撼了我的心灵。我发现他的作品无比丰饶，富有生机。阅读他的作品让我的整个心情豁然开朗——我感到与这个伟大的、玄妙莫测的灵魂——哦，荷尔德林——纯粹的疯子——有着

图 10　威廉·魏布林格（Wilhelm Waiblinger），《自画像》，1825 年。

一种亲切感。

8月9日

《许帕里翁》和《维特》(*Werther*)一样永垂不朽，比弗里德里希·戈特利布·克洛普斯托克（Friedrich Gottlieb Klopstock）的《弥赛亚》更名垂千古……荷尔德林是最令人陶醉、最神魂颠倒的人之一。人世间上很少有这样的人，这样神之天性的祭司……我感到非常有必要写一部书信体小说……我必须马上写，现在就写……我需要更多地了解这个疯子。

8月10日

我小说中的主人公是一个荷尔德林式的人，他出于对神性的热爱和渴望，因神性的陶醉而发疯。

8月11日

我在写小说！……我的目标是写一部深邃奇幻的小说，不是一般的《维特》，而是一部特别的、绝对原创的小说……如果我不像我的艺术家那样发疯，我就会取得伟大的成就。最后，我会好好利用荷尔德林的故事。

9月1日

像荷尔德林这样的精神——他在某种可怕的悸动中，从天真无邪堕入最龌龊的玷污——比那些永远停留在同一轨道上的弱者更有价值。荷尔德林是我的偶像。他的一生体现了人类伟大而可怕的奥秘。这种崇高的精神曾经堕落，否则就不会如此崇高。想想所有的诗人：比格尔（Bürger）、马蒂森（Matthison）、蒂德格（Tiedge）、乌兹（Uz）、克拉默（Kramer）、克莱斯特、科斯加滕（Kosegarten）、魏塞尔、诺伊弗、豪格——与荷尔德林相比，他们算得了什么？

10月24日

我再次拜访了荷尔德林。我问了他很多问题，他说的第一句话还算清晰，但其余的话都是可怕的废话。当我离开去看木匠时，荷尔德林告诉那个女孩，他认识我，我去看过他，我是个好人。我要给他写信。

魏布林格在1831年的传记中写道，荷尔德林最常重复的一句话是：Es geschieht mir no：Es geschieht mir nichts，字面意思是“我什么也没发生”。在塔楼诗人的生活里，什么也没有发生。

11月26日

我与康兹交谈了整整一个小时。他向我讲

述了席勒和荷尔德林。没有爱，就没有存在，也没有生命。没有爱，就没有精神，没有上帝，没有自然！……哦！我将是，我将幸福——因爱而幸福。为了荣誉而制定的错综复杂的计划、千钧的压力和繁星般的爱情都让伟大的荷尔德林疯狂。我也会如此吗？

1823 年

2 月 22 日　已在图宾根定居并在奥斯特贝格租下一栋带花园的房子的魏布林格，继续经常去拜访荷尔德林。魏布林格写道：

> 我再次战战兢兢地站在疯狂的荷尔德林身旁。他在弹钢琴，我毫不怀疑他可以轻松地连续弹上八天。他没有理会我，也没有因为我的存在而感到不安。

2 月 23 日　“独一无二”（En kai pan!）我想把这句话挂在我的小花园洋房的墙上。①

① F. H. 雅各比（F. H. Jacobi）曾提到过莱辛在一次关于歌德的诗歌《普罗米修斯》的谈话中所说的话：“这首诗的观点（转下页）

3月23日 齐默尔写信给荷尔德林的母亲，说她儿子的病情突然好转。

> 最近，荷尔德林似乎刚从长眠中醒来。他整天和我们全家在一起，阅读报纸，甚至还问我符腾堡是否已经成为一个王国。当我确认已经成为王国时，他很惊讶。他对希腊人也很感兴趣，阅读了关于他们胜利的报道。我告诉他，整个伯罗奔尼撒半岛都摆脱了土耳其人的控制。他用法语和我（儿子）克里斯蒂安交谈，法语说得还不错。他用法语告诉克里斯蒂安，如果天气好的话，他会在奥斯特贝格附近多走走。

（接上页）就是我自己的观点……”正统的神性观念不再适合我，我无法忍受它们。Hen kai Pan!（独一无二）。我别无所求。热拉尔·瓦雷（Gérard Vallée）（编），《莱辛与雅各比的斯宾诺莎对话：文本及随后的争论摘录》（*The Spinoza Conversations Between Lessing and Jacobi: Text with Excerpts from Ensuing Controversy* Lanham, MD: University Press of America, 1988, p. 10）。荷尔德林在1795年《许帕里翁》的倒数第二版中写道：“我们失去了神圣的统一性，失去了独特意义上的存在。如果我们要为之奋斗，我们就必须失去它。我们将自己从和平的世界中剥离出来，以便通过自己来重建它。”参见 Hölderlin, *Sämtliche Werke, vol. 3* Stuttgart: Kohlhammer Verlag, 1957, p. 236。

我还不能把《许帕里翁》还给您。他每天都读这本书，还读康兹翻译的希腊诗人的作品。有时，他也会借克里斯琴的经典作品来读。

6月8日　魏布林格在日记中写道：

我去拜访了荷尔德林，邀请他明天去散步。他已经躺在床上好几天了，只是早上沿着墙壁来回走动。他经常读他的《许帕里翁》。他的一个怪癖是，一吃完饭就把碗筷放在房间门外。他还告诉了我一些疯狂的事情。

6月9日　魏布林格继续说道：

今天，还躺在床上的荷尔德林想出了最不可思议的借口，拒绝与我这位殿下一起外出。木匠向我详细讲述了他的一生。

显然，“厌食症”也是他日渐衰弱的原因之一，但他的生活依然无限丰富。他本可以成为德国头号抒情诗人。这些天的早晨，他沿着墙壁来回踱步，直到中午时分。年轻的齐默尔终于劝他起床了。荷尔德林一眼就认出了我，颇为荒唐地向我道歉。他不停地重复着：“殿下，教皇陛下，大人，阁下，父亲大人！最尊贵的先生，请接受我的顺从。”我建议他来我的万神殿。春天早晨的壮丽景色似乎终于说服了他。我问了他无数个问题，但得到的都是令人费解或无厘头的回答。当我问道：“图书管理员先生，您多大年纪了？”他用法语滔滔不绝地回答道：“我不知道，殿下。”我试图提醒他，但徒劳无功。齐默尔对他来到我的小房子感到惊讶，当我告诉他荷尔德林曾抽过我为他装满和点燃的烟斗时，他感到难以置信，他似乎很喜欢这个烟斗。当我邀请他坐在我的书桌前写诗时，他写了一首诗，并将五行押韵的诗句命名为“春天”，然后深深地鞠了一躬，将作品递给了我。在那之前，他一直不停地自言自语，重复着：“对了，不是现在！没错！我是真心诚意地向阁下致敬，并重申我对阁下的服从——是的，是的，我不胜感激，阁下太仁慈了。”当我告诉他我也想成为一名诗人，并把我的手稿拿给他看时，他盯着我，鞠了一躬，说：“是的！你写了？殿下还会写作？没错。”当我告诉他豪格的不幸遭遇时，他深有感触地叫了一声：“哦！”他还问我多大了。但他一停止写作，就陷入了沉默，盯着窗外看了很久。上次他说，“殿下的东西特别漂亮”，但这次他没有这么说。他只是再次低下头，陷入沉思，一动不动，只是勉强动了动嘴唇，发出抽搐的声音。最后，他拿起帽子，默默地和我们一起离开了，没有说一句话，没有向我们致意，也没有像以前那样，只是走在我们身后，以示礼貌。随后，他嘴角噙着一抹旋律，向我致以一连串清晰的赞美，然后告辞离去。我很难相信他能完全恢复理智，他身体的虚弱使他无法完全恢复理智；但让他平静下来、安抚他、平息他的情绪是有可能的——我相信我成功地做到了这一点，哪怕只有几个小时。他似乎对我很有信心，他今天的表现就证明了这一点。我希望能经常带他去奥斯特贝格，并试着在各方面与他保持亲近。

6月15日

荷尔德林来到我家，为我朗读了他的《许帕里翁》。哦！我仍然觉得自己像个充满欢乐的孩子。荷尔德林是我的挚友！但他也是个疯子。哦，我真想亲吻他那光秃秃、憔悴不堪的嘴唇！

7月9日　魏布林格写信给弗里德里希·埃塞尔（Friedrich Eser）："荷尔德林经常来我的花园别墅，对我充满信心。"他读了我的《法厄同》（*Phaeton*），并作了预言："您将成为伟大的领主，圣哉！"他正在我那里写诗。

7月27日　莫里克（Mörike）在鲁道夫·洛鲍尔（Rudolf Lohbauer）和版画家戈特洛布·施赖纳

（Gottlob Schreiner）的陪同下拜访了荷尔德林，并写道："他们两人几乎戏谑地在一张纸上画了这个可怜人的轮廓，我仍然保留着这张纸。"魏布林格给了莫里克一些荷尔德林写的论文，"两首格律诗和一些书信，是小说《许帕里翁》的续篇。这两首诗与他早期的作品形成了巨大的反差，因此非常引人注目，令人感动。这两首诗部分暗示了某种巨大的意义，部分又清晰地展示了这种意义。他的疯狂就是一个谜。"

荷尔德林写给卡尔·戈克的信：

最亲爱的兄弟：

我相信你会欢迎我给你写信。你一定知道，听到你身体健康，我真的很高兴。即使我只是偶尔给你写一封简短的信，也请你接受这封信，把它当作我对你的关心。我必须在这里结束了，但希望你能把我留在你美好的思念中，

你敬爱的兄弟

荷尔德林

1823年

图 11　施赖纳和洛鲍尔，《荷尔德林肖像》，1823 年。

1824年

7月1日　魏布林格在日记中写道：“荷尔德林弹琴唱歌。”

荷尔德林给母亲写信：

我敬爱的母亲：

如您所知，我总是很乐意给您写信，因为您知道我已经变成了什么样子，而且我习惯性地认为，我让人理解自己的方式是必须的。请经常给我写信，这需要我以应有的礼貌给您回信。我仍然是，

你忠实的儿子

荷尔德林

艾玛·冯·尼恩多夫（Emma von Niendorf）的著作《在拜仁、蒂罗尔和施瓦本的旅行》(*Bayern, Tyrol und Schwaben*, Stuttgart, 1840）中有如下一段话，大概是关于莫里克拜访荷尔德林的："莫里克在大学期间经常拜访这位不幸的诗人。诗人经常有清醒而美丽的时刻，但当他被句子缠住，感到无法自拔时，他就会以最后一句决绝的话结束：'Z，ja!'（大概是字母表的最后一个字母）。"

1825年

1825年至1830年在图宾根求学的狄奥多·维舍尔（Theodor Vischer）写道，他曾四次拜访荷尔德林。

> 人们可以与他交谈，并在短暂的时间里相互理解。他的话有时非常合乎逻辑，有时却晦涩难懂。他有语无伦次的毛病，思绪杂乱无章，但他没有强迫症……他的面容上仍留有英俊的痕迹——高而清晰的额头、高傲而高贵的鼻子、雕刻精细的下巴，让人想起古希腊人。

5月13日　乌兰特将荷尔德林诗集寄给卡尔·戈克：

这本诗集将由施瓦布和我本人编辑出版……我们决定剔除荷尔德林诗歌尚未形成独特特征时期的所有作品，如施陶德林出版的明显模仿席勒的赞美诗；还剔除了他精神错乱时期的所有作品。决定在何处与后者划清界限并非易事，但像《帕特莫斯》和《凯隆》这样的作品却不能包括在内。

齐默尔大概是根据诗人的口述，记录了《上帝是什么？》

对于某人，我说，如果他有德行
和智慧，他还需要什么呢？还有什么
能满足一个灵魂？茎干
或地上成熟的藤蔓
能真正滋养吗？那么，我的意思是
朋友可以是自己的爱人，而艺术
也很重要。亲爱的朋友，事实就是如此：

代达罗斯的精神和森林的精神，都是你的精神。

（Von einem Meschen sag ich, wenn der ist gut
Und weise, was bedarf er? Ist irgend eins
Das einer Seele gnüget? Ist ein Halm, ist
Eine gereifteste Reb' auf Erden
Gewachsen, die ihn nähre? Der Sinn is des
Also. Ein Freund ist oft die Geliebte, viel
Die Kunst. O Teurer, dir sag ich die Wahrheit.
Dädalus Geist und des Walds ist deiner.）

1826年

2月23日　魏布林格寄给阿道夫·穆尔内（Adolf Müllner）一首题为《致荷尔德林》的诗，开头是：

起来吧，
哦，可怜的圣人
用你狂野的眼睛
凝视着
你青春的美丽
和童心的
无盖的坟墓。

（Komm herauf,

Jammerheiliger
Blick auf
mit deine irren Auge
Deiner Jugendschöne,
Deines Kinderherzens
offnem Nebelgrab.）

在这首诗的附注中，他写道，新版《许帕里翁》的出版并没有受到应有的欢迎，“在疯狂诗人的灵魂中，诗歌才华最纯粹的火花几乎和在公众眼中一样微弱”。魏布林格接着宣布即将出版一本“描述荷尔德林现今生活的书”，该书“将论述关于伟人的抱负与悲剧命运之间斗争的所有最有趣的事情”。他补充道：

> 至于这首诗，也许你应该知道，《许帕里翁》的这位疯狂诗人曾花了整整一个夏天的时间来我家拜访我，维兰德曾住在我家。那里有个花园，景色迷人。显然，这个地方让这个可

怜的人想起了他最甜蜜、最悲伤，也是现在最神圣的回忆。在拜访我的时候，他朗读了《许帕里翁》，以及一些写得令人恐惧的诗歌。

荷尔德林将一首诗献给了魏布林格：

当人们幸福的时候，怎能质疑
他们是否善良，是否以美德为生？
因为灵魂是轻盈的，没有任何哀叹
他们获得了信仰。

（Wenn Menschen fröhlich sind, wie ist es eine Frage?
Die, ob sie auch gut sei'n, ob sie der Tugend leben;
Dann ist die Seele leicht, und seltner ist die Klage
und Glauben ist demselben zugegeben.）

荷尔德林为来访者写下了一系列短语和座右铭：

希拉尔牧师：

所有的人都特别好

（Herrn von Sillaer：

Omnes homines sunt praecipue boni）

马蒂萨尔牧师：

人尤其不是敌人

（Herrn von Martizaer：

Homines sunt eis praecipue non infensi）

桑米内尔牧师：

人存在，故他要分享

（Herrn von Sommineer：

Quomodo homines sunt, ita est eis participatum）

巴里斯蒂尔牧师：

人之所以为人，因为他就是人与人之间的关系

（Herrn von Paristeer：

Homines sunt tales, quomodo illi praecipue sunt inter se）

齐维采尔牧师：

人之所以如此，因为他们彼此相善

（Herrn von Zirwizaer:

Homines sunt praecipue tales, quomodo illi sunt inter se boni）

6月初　科塔终于出版了荷尔德林的诗集。戈克给兄弟寄去了一本，并附上一封信，对不能亲自送书表示歉意：

现在，您优秀的诗歌成果已为全世界保存下来，每一个博学而深沉的人都将通过它们来纪念您……科塔为诗集和重新出版《许帕里翁》所支付的费用已交给您在纽廷根的母亲；这是您的财产，您可以随意使用……如果我的其他工作允许的话，我希望今年夏天能去拜访您。也许我的妻子和我们的两个孩子卡尔和艾达也能来，他们早就想见见他们的叔叔了。

有一种说法是，荷尔德林对这本书的出版深感不满，他指出自己“不需要帮助，完全有能力出版自己写的东西”。

荷尔德林写信给母亲：

最亲爱的母亲：

我必须请您担负起责任，接受我要告诉您的内容并加以思考。我必须清楚地告诉你，你要求我完成你说要交给我的任务。我必须告诉您，您不必为您所知道的事情所强加的感情所累。我仍然是

您忠实的儿子

荷尔德林

莫里克和施莱纳再次拜访荷尔德林，施莱纳为诗人画了一幅炭笔肖像，莫里克说“很像他”。

1827年

1月24日 乌兰特写信给范哈根·冯·恩塞（Varnhagen von Ense），抱怨他没有机会修改荷尔德林诗集的校样。“我们从大量手稿中找到了《恩培多克勒》的片段……我们不对任何错字负责。我们曾要求有机会审阅所有内容并进行修改，但手稿被搁置了很长时间后，我们突然收到了在奥格斯堡印刷的几乎整本书。我在审阅了一些排印稿页后，列出了一长串错误，尽管没有与原稿进行对比，但我还是尽力弥补了这些错误。”

3月20日 乌兰特写信给克纳：“戈克给你寄来了荷尔德林的诗集吗？它们引起了轰动！”

荷尔德林给母亲写信：

我敬爱的母亲：

感谢好心的齐默尔先生允许，我可以自由地向您表白我的爱意，并继续留在您身边，

您最忠诚的儿子，

荷尔德林

春天，古斯塔夫·施瓦布在《文学娱乐报》（*Blätter für literarische Unterhaltung*）上发表了一篇关于荷尔德林诗歌的文章。

1828 年

2 月　阿尼姆在《柏林对话报》(*Berliner Conversationsblatt*）上发表了一篇题为《与荷尔德林同游》(*Ausflüge mit Hölderlin*）的文章，批评乌兰特和施瓦布在他们的诗集中漏掉了一些诗歌，并收录了散文版的颂歌《帕特莫斯》。

2 月 17 日　约翰娜·克里斯蒂安娜·戈克（Johanna Christiana Gok）在纽廷根去世，两天后下葬。根据齐默尔写给诗人妹妹的一封信，荷尔德林似乎没有什么反应："自从他收到这封带着噩耗的信后，我就再也没有提起过您或您亲爱的亡母，因为我担心这会让他再次伤心。他也没有对我说过这件事。"施瓦布的传记中写道："她（荷尔德林的母亲）的去世似乎没有给荷尔德林留下什么印象。他的思想不再受律法的支配，而这些律法至少在瞬间自然而然地支配着最残暴的人。”

2月20日　最后的遗嘱和遗书被启封；荷尔德林由他的监护人伊斯雷尔·戈特弗里德·伯克（Israel Gottfried Burk）代表。卡尔·戈克、他的妹妹海因丽克·布劳恩林（Heinrike Breunlin）和荷尔德林的代表立即就遗产分割问题发生争执：18863 古尔登。斯图加特的皇家法院直到第二年的 1829 年 9 月 29 日才作出裁决。戈克没有考虑到母亲的遗嘱，也没有考虑到荷尔德林也有权继承自己生父和已故姐姐的遗产，他认为自己同父异母的弟弟无权继承任何遗产，因为他已经得到了太多的遗产来维持生计。法院考虑到克里斯蒂安娜·戈克的经济状况，以及她为帮助抚养患病的儿子而获得额外资助的事实，判决戈克和他的姐姐各获得 5230 古尔登，“荷尔德林阁下”获得 9074 古尔登。根据裁决，荷尔德林早就有权使用父亲的遗产，但他让母亲担任遗产管理人，只在急需时才获得少量补贴。两个月后，齐默尔在评论遗产问题时写信给伯克：“他连母亲留给他的东西都没有得到，真令人伤心；在这里，命运又一次戏弄了他。他未来的传记作者——如果有的话，我希望会有——会怎么评价这个故事呢？”

4月15日 裁缝菲利普·福伊希特（Philipp Feucht）开具发票：

为图书管理员荷尔德林先生：

2月28日 制作一件马甲，36克鲁泽尔

修补两条带纽扣的裤子，28克鲁泽尔

4月15日 修理一条裤子，16克鲁泽尔

4月16日 齐默尔写信给伯克，寄来了荷尔德林四个月的生活费账单，约52古尔登。除了固定的食宿费用外，“从圣烛节到圣乔治节”的总费用还包括：

鼻烟，1.27古尔登

餐具，5.30

理发，1.30
葡萄酒，6
洗衣，2.24
黑围巾，1.52
鞋匠，1.42
店主，1.18
裁缝，1.47

在信中，齐默尔补充道："我不知道您是否见过可怜而亲爱的诗人荷尔德林，是否对他感兴趣。他确实值得一提。最近的一份新闻报纸称他为德国最优秀的挽歌诗人，真遗憾他那伟大的思想现在却被枷锁束缚着。他的精神也是如此丰富，如此深邃，在凡人中几乎无与伦比。"

7月19日 齐默尔写信给海因丽克·布劳恩林，随信附上一张"圣乔治节和圣雅各布节之间"的费用账单，总计57古尔登，其中包括1古尔登36用来支付照明费用，"这在之前的账目中被遗忘了"。他补充道：

> 您的兄弟身体很好，他从黎明起床，一直走到傍晚七点钟，吃完晚饭就上床睡觉。他的体力仍然很好，食欲也很旺盛。由于门牙脱落，他的面容有些苍老，嘴唇向内翘起，下巴突出，但他不再心怀不满。他的精神很平静，举止和蔼可亲、体贴入微，尽管他对那些试图与他交谈或打断他的生活规律和习惯的陌生人并不感冒。

同一天，鞋匠戈特利布·埃斯林格（Gottlieb Esslinger）开出了一张“为荷尔德林先生购买一双拖鞋，148古尔登”的发票。

8月25日　大学时代的老朋友伊曼纽尔·纳斯特（Emanuel Nast）拜访了荷尔德林。诗人并不认识他，或者更可能是不想和他说话，尤其是因为纳斯特是他同父异母的兄弟卡尔·戈克派来的，大概是为了讨论家族成员的继承问题。在后来写给海因丽克·布劳恩林的信中，齐默尔对这次会面作了如下描述："大学老友纳斯特来访，但荷尔德林没有认出他。荷尔德林正在弹钢琴，纳斯特哭得像个孩子——被爱和悲伤冲昏了头脑，他抱住荷尔德林，感叹道：'亲爱的荷尔德林，你不认识我了吗？'但荷尔德林只是愉快地继续弹奏他的和声高歌，对他的问题只是颔了颔首。"

罗西娜·施陶德林（Rosine Stäudlin），齐默尔形容她"年事已高，却有着一双活泼明亮的眼睛"，也在夏天拜访了荷尔德林。

11 月 29 日　齐默尔写信给伯克："我收到了您寄来的荷尔德林先生的账款，以及您慷慨寄来的 100 古尔登……他（荷尔德林）并没有不开心，想象力惊人，总是忙个不停。"

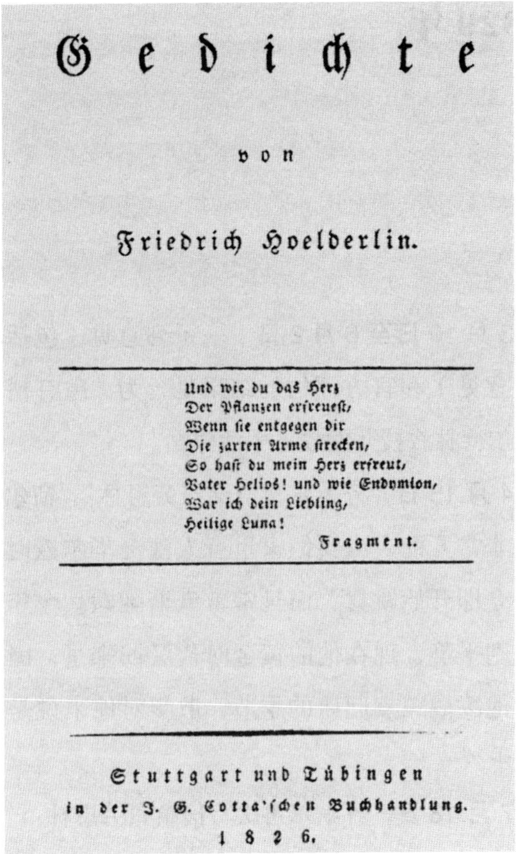

Gedichte

von

Friedrich Hoelderlin.

Und wie du das Herz
Der Pflanzen erfreuest,
Wenn sie entgegen dir
Die zarten Arme strecken,
So hast du mein Herz erfreut,
Vater Helios! und wie Endymion,
War ich dein Liebling,
Heilige Luna!
Fragment.

Stuttgart und Tübingen
in der J. G. Cotta'schen Buchhandlung.
1826.

图 12　1826 年出版的诗集封面。

1829年

3月10日至6月2日　一系列意见（包括乌兰特的意见）和官方评估的结果是，为“患有精神病的荷尔德林教授”发放了生活津贴。

4月15日　齐默尔写信给布劳恩林：“荷尔德林经常非常开朗。当我们家里有人演奏华尔兹时，他就会立即开始跳舞，而且常常诙谐幽默。今年春天他特别平静，现在他的黄金时代又回来了，因为又到了他凌晨三点起床的季节，散步对他来说是真正的快乐。”

7月18日　齐默尔再次写信给布劳恩林：

> 您亲爱的兄弟很好。今年夏天，他没有像往常那样早起，而是在早上五点左右起床，八

点半上床睡觉……下午喝咖啡时，他不坐着，而是整天来回走动。喝了酒，他也会四处走动。在寒冷的日子里，他会在屋子里踱步，否则他通常会到外面去。他现在大约六十岁了，但依然身强力壮，生活安逸而满足。他很少表现出不满情绪，只有在与脑中想象的知识分子进行激烈辩论时才会如此。

同一天，鞋匠埃斯林格又开了一张发票：

一只冬鞋修好了

1828 年 9 月 19 日修补了一只冬鞋的前脚掌，50

1829 年 1 月 27 日重新缝补一只鞋，54

另一只于 1 月 31 日修好，46

共计: 2 古尔登 30

8 月 诺伊弗准备在《优雅世界报》上发表乌兰特和施瓦布收藏的荷尔德林诗选。

1830 年

1 月 30 日　齐默尔写信给海因丽克·布劳恩林，随信附上普通发票，并补充道：

> 你的兄弟很好。他已经试着出去过两次，但都因为太冷而回来了。勒布雷特先生和我们住在一起，他对你的兄弟很感兴趣。勒布雷特先生告诉我，你的兄弟曾爱上了他父亲的妹妹，他对你的兄弟目前的不幸遭遇感到无限悲痛，尤其是他曾经拥有如此出众的头脑。除此之外，你的兄弟现在还有很多让人欣慰的地方，比如他对音乐的热爱，他对自然美和视觉艺术的敏感。

这一时期，荷尔德林为前文提到的法律系学生约翰·保罗·弗里德里希·勒布雷特写了两首诗，勒布雷特也是爱丽丝·勒布雷特的侄子。据约翰内斯·马尔伦手稿背面的注释，这两首诗是用一斗烟草换来的。第一首《风景》(*Aussicht*) 的开头是："当人们感到幸福时，那是发自内心的幸福。"第二首《勒布雷特的幸福之人》(*Dem gnadigsten Herrn von Le Bret*) 的开头是："您，尊贵的先生！您就是大家所称赞的人。"

3 月 6 日 普鲁士公主玛丽亚·安娜在日记中写道：

> 昨天，现任大校长、举世闻名的黑格尔教授来看我们了。这让我感到不知所措，我几乎羞于和他交谈，我感到困惑，不知道该说些什么。这时，我想起了与黑格尔相识已久的辛克莱尔先生，于是我开始谈起他……接着，黑格尔开始谈起已被世人遗忘的荷尔德林，谈起他的《许帕里翁》一书，多亏了我的姐姐奥古斯

特，这本书在我年轻时给我留下了深刻的印象。听到这个名字，我感到一种深深的喜悦，它打开了通往过去整个时代的大门，那一刻，荷尔德林对我来说是如此亲切，就像一个回声。一种记忆被唤醒了，就像通常由声音或旋律引发的记忆一样。与此同时，我的脑海中又浮现出那本绿色封面的《许帕里翁》，它就摆放在我姐姐奥古斯特的窗前，窗外是美丽的藤蔓和阳光背景，棕色的栗树林荫道上有凉爽的影子，我听到了鸟叫声——突然间，过去的某个时刻在我脑海中浮现，而这一切仅仅是通过那个悦耳的名字来浮现的。

根据齐默尔在 1835 年写的一封信（“几年前，他写下了这些关于自己的诗句……”），这很可能也是荷尔德林写这首诗的时期：

不是每一天都是最幸福的
他渴望过去的快乐时光

当他受到朋友的爱戴，
那时，人们对年轻的他如此宠爱。

（Nicht alle Tage nennet die schönsten der,
Der sich zurücksehnt unter die Freuden, wo
Ihn Freunde liebten, wo die Menschen
über dem Jüngling mit Gunst verweilten.）

3月8日 齐默尔和荷尔德林的监护人签署了一份协议，规定每年一次性支付250古尔登作为荷尔德林的生活费（“食宿费146古尔登，酒费24古尔登，午后咖啡8古尔登，鼻烟6古尔登，理发费用同上……”）

1831年

位于莱比锡的杂志《当代》(*Zeitgenosse*)出版了魏布林格的遗作，传记文章《弗里德里希·荷尔德林的生活、诗歌和疯狂》(*Friedrich Hölderlins Leben, Dichtung und Wahnsinn*)。魏布林格于1826年离开图宾根，移居罗马，并于1830年1月17日在罗马去世。他的故居位于法尔内塞广场附近的马斯切罗内大街，现在有一块纪念牌，上面写着“只有在这里才是幸福的”(Qui solamente felice)。魏布林格的文章中有这样一段话：

> 能让他忙上一整天的是他的《许帕里翁》。我曾数百次拜访他，听到他高声朗诵《许帕里翁》。他的悲怆令人印象深刻，而《许帕里

翁》几乎总是如卷在手。他经常给我读一些段落。当他读完某一部分时，他会用深思熟虑的手势赞叹道："太棒了，太棒了，殿下！"他又开始读，然后突然坐下来，说："您看，仁慈的先生，一个逗号！"他还朗读了我给他的书，但他什么也没读懂，因为他心不在焉，连自己的想法都跟不上，更不用说别人的想法了……他唯一读过的书是克洛普斯托克（Klopstock）的《颂歌》(*Odes*)、格莱姆（Gleim)、克罗内克（Cronegk）和其他一些老诗人的作品。他经常阅读《颂歌》，并引经据典。我无数次地告诉他，他的《许帕里翁》将会再版，乌兰特和施瓦布正在整理他的诗作。但是，除了深深的鞠躬和一句"您是个好人，魏布林格先生！我很感激您，殿下"之外，我没有得到任何回应。

4 月 22 日　齐默尔签发收据：从监护人伯克先生处收到 62 古尔登，用于支付从圣烛节到圣乔治节的四个月期间荷尔德林先生的费用。

1832年

1月21日 齐默尔写信给伯克：

我很高兴地向您报告，您的被监护人情况很好。他一般都很温顺有礼，冬天的时候会弹钢琴，这让他非常开心。他还边弹边唱，虽然现在的声音不像去年春天那么动听了。不坐在钢琴前时，他就整天不停地走来走去，只有晚上吃饭时才会坐一会儿。

莫里克写信给约翰内斯·梅尔伦（Johannes Mährlen）：

我又读了一遍《许帕里翁》。当我重读这本

书时，尽管它辞藻非常华丽，但我还是被一种无法摆脱的错乱感所困扰，仿佛整个主题和结构都被误导了。有时，甚至对主人公的描述也会让我产生这种感觉；主人公是纯粹的挽歌式人物（荷尔德林本人也是这么说的），但他却怀有相当不均衡的宏伟抱负。最后，整部作品看起来有点像一幅漫画——尽管是一幅动人的漫画——其中一些真正具有无与伦比之美的诗句被痛苦地应用于情节之中。给读者留下的印象是痛苦而又快乐。让人如痴如醉，仿佛神的手突然拨动了灵魂深处最脆弱的那根弦。这是一种强烈的振奋，但随之而来的又是一落千丈，让人感觉如此糟糕、如此悲观、如此凄惨，以至于失去了一切诗意的痕迹，甚至是悲剧诗意的痕迹。

6月18日　在这一天之前，荷尔德林写下了他的第一首押韵诗，题目是《春天》（*Der Frühling*），开头为：

看着黎明的曙光是多么幸福，
人们在田野里思考感到满足，
他们思考事情何以奔流无驻，
他们为宁谧生活而奋斗，不知朝暮……

（Wie selig ist, zu sehen, wenn Stunden wieder tagen
Wo sich vergnügt der Mensch umsieht in den Gefilden,
Wenn Menschen sich um das Befinden fragen,
Wenn Menschen sich zum frohen Leben bilden...）

6 月 21 日　齐默尔开具发票“我妻子为荷尔德林买了一件夹克，1 古尔登 28”。

12 月 1 日　符腾堡州内政部发布了一份关于图宾根市精神病患者状况的报告。

1832年

姓名：荷尔德林阁下

年龄：62岁

宗教信仰：新教

职业和婚姻状况：图书管理员，单身

患病时间：29年

精神病性质：精神错乱

支持：家庭资助

备注：温顺

病因：单相思、疲惫不堪、过度热衷于学习

1833年

1月29日　齐默尔写信给伯克：

随信附上您上一季度的付款收据。我尤其要感谢您慷慨捐赠的22古尔登，这让我们非常惊喜。荷尔德林将始终按照您的良好愿望接受治疗。他的情况很好，很安详，睡眠也很好，经常一唱就是半天。

4月18日　齐默尔写信给伯克：

荷尔德林的情况很好……两天前，一位先生在晚上八点来到我们这里，他的头上顶着一棵莴苣。他想进荷尔德林的房间，暗示他来自纽廷根，是奉荷尔德林姐姐的命令来的。由于荷尔德林已经上床睡觉，我们把他拒之门外。他答应第二天再来，但后来没有来。临走时，他又开始吟诵荷尔德林的《许帕里翁》，显然他的精神不正常……随信附上鞋匠穆勒最近的账单，日期是4月15日。

荷尔德林先生
2月16日，修理了一只鞋，52
3月8日，完全修好一只鞋，48
共计1.40古尔登

11月6日　齐默尔写信给伯克：

我随信附上裁缝弗里德里克·迈尔（Friederike Maier）的布料费账单；裁缝还没做裤子，否则我也会附上他的账单。荷尔德林过得很好，也很快乐。他一直忙于朗诵克洛普斯托克的颂歌，诵读荷马的诗篇，并满怀激情地歌唱。

荷尔德林先生

两双羊毛袜子，16 克鲁泽尔

羊毛 30

缝制几双长袜 24

共计 1.10 古尔登

1834年

5月23日 《斯图加特观察家报》(*Stuttgarter Beobachter*)刊登了一则公告：

> 早在1828年，阿希姆·冯·阿尼姆在《柏林对话报》上发表的《与荷尔德林同游》一文中就曾指出，科塔出版的诗集中遗漏了一些诗歌。公众对荷尔德林的诗歌天赋和悲剧命运很感兴趣，不应再隐瞒这些未发表的诗歌。因此，我们相信，当我们恳切地请求任何拥有上述诗作的人紧急响应这一呼吁时，我们代表了众多狂热的文学读者。

5月或6月 乌兰特正确地意识到这份公告是

对戈克、施瓦布和他本人的批评，并准备作出回应。他指出阿尼姆的说明并非指未发表的诗歌，而是指已经出现在塞肯多夫 1807 年和 1808 年的《缪斯年鉴》中的诗歌：

> 我们的目的是让这位优秀诗人的第一部作品集能彰显出他最成熟、最坚强的品质。一旦他的作品得到更广泛的认可，就会引起人们的兴趣，进而，人们就会希望了解他个人的传记。我们的手稿是从荷尔德林的亲属那里获得的，如果有人不厌其烦地仔细检查这些手稿，就会相信我们至少成功地保留了一些片段，甚至是最难解读的作品，如《恩培多克勒》……因此，我们只能希望，这些迄今为止还未公开姓名的“荷尔德林缪斯的崇拜者”现在能够站出来，不仅说出他们自己的名字，而且说出那些拥有荷尔德林未发表诗作的人的名字，他们认为有义务指责这些人隐瞒了这些作品。

7月18日 齐默尔写信给伯克：

在给你寄来这张账单的同时，我也可以给你带来关于你被监护人的好消息。他的生活绝对规律。他每天早上三点钟起床，然后四处走动，直到七点钟吃早餐。然后，他经常连续弹钢琴和唱歌两个小时，剩下的时间他就来回走动。晚上，他回到自己的房间，激情澎湃地朗诵各种诗人的作品。即使在最寒冷的夜晚，他也能安然入睡。他的食欲和健康状况都非常好。

住在他楼下的两位先生演奏音乐时，他会立即打开窗户聆听，这就是他热爱音乐的证明。他的性格也很好，他很乖巧，只是不想被人使唤。

秋天 阿道夫·弗里德里希·冯·沙克（Adolf Friedrich von Schack）在后来出版的《回忆与观察》(*Erinnerungen und Aufzeichnungen*, Stuttgart and Leipzig, 1888）一文中提到了一次图宾根之行：

我去图宾根是为了见弗里德里希·荷尔德林。我知道我看到的不过是一具残骸，因为诗人在近三十年前陷入了无法治愈的疯狂。但是，即使面对这具残骸，我还是发现自己被感动了，就像在希腊神庙前陷入沉思一样……我们必须阅读海因里希·冯·克莱斯特、约翰·戈特弗里德·修梅（Johann Gottfried Seume）和荷尔德林的作品。看到我把修梅与其他两位并列在一起可能会感到惊讶，因为他的诗歌才华肯定无法与他们相提并论。荷尔德林甚至比克莱斯特更早地遭遇了我国其他许多诗人可能会遭遇的同样命运。当我站在荷尔德林曾经居住过的房间的窗前时，脑海中浮现出他在《许帕里翁》中对德国人说的那些可怕的、令人崩溃的话……荷尔德林的不幸比克莱斯特的不幸更令我痛苦万分。

12 月 19 日 裁缝蒲福斯特雷（Pfisterer）开出

发票：

制作一件长袍，1.12

缝纫线，8

口袋和腰带，10

12 码花布，2.48

9 码法兰绒，5.60

共计　9.24

1835年

1月25日　裁缝迈尔（Maier）开具了一张发票：

> 2双针织袜子　24　克鲁泽尔
>
> 纱线　46
>
> 裤子吊带　30
>
> 共计　1.40

12月22日　齐默尔写信给一个身份不明的人（可能是阿道夫·冯·沙克）：

> 可怜的荷尔德林从一开始就注定要失败。当他的母亲怀上他时，她发誓如果他生下来是

个男孩，她会确保他的一生都献给上帝，她是这么说的——换句话说，她会确保他成为一名神学家。当他要去神学院的时候，荷尔德林试图抵制——他想成为一名医生，但他那极端宗教化的母亲强迫他去了神学院，就这样，他违背自己的意愿，成为了一名神学家。学业结束后，莱布雷特大臣打算欢迎荷尔德林到沃尔芬豪森担任教区牧师，并让他娶自己的女儿为妻，但荷尔德林拒绝了：首先，他不希望自己的职业任命以娶妻为条件；其次，他从来就不喜欢神学，也不可能成为神学专家，但他却非常喜欢自然哲学。后来，荷尔德林去了法兰克福，在一个名叫贡塔德的富商家当家庭教师，与女主人走得很近。后来，他与女主人发生了争执，荷尔德林因此离开，回到了洪堡。之后，他计划在耶拿担任哲学教授，但未能如愿。之后，他忧郁地回到家中……荷尔德林过去和现在都非常热爱大自然，从他的房间可以俯瞰整个内卡河和施泰因拉赫河谷……他在我家已经住了

30年了。虽然过去他经常被激怒，血往头上冲，脸红得像块砖头，对任何事情都不以为然，但现在我和他相处得很好。怒气一过，他就会第一个伸出手来表示和解。荷尔德林有一颗高尚的心，能够深情款款，身体也非常健康。自从他住在我家后，就从未生过病。

他英俊潇洒，身材魁梧——我从未在凡人的脸上看到过如此美丽的眼睛。

他现在已经65岁了，但仍像30岁一样精神矍铄。他在12分钟内写下了下面这首诗。我请他也为我写点什么，他打开窗户，凝视着窗外，12分钟后，诗就写好了……荷尔德林以弹钢琴自娱，有时也朗诵，甚至画画。毫无疑问，他知道自己的状态。几年前，他写下了这些关于自己的诗句。[下面是以“不是每天”(Nicht alle Tage)开头的诗句，参见1830年条目。]

自从母亲去世后，荷尔德林的监护人一直是纽廷根一个名叫伯克的人。他是个好人，每年付给我250古尔登的住宿费、酒钱、洗衣费和伙食费。市政府每年付给荷尔德林的监护人150古尔登，始终不变。因此，荷尔德林每年要花费他100古尔登，不过我相信荷尔德林有足够的经济能力，不需要额外的经济援助。他还喜欢抽烟，但我没有把这个算在内。

1836年

1月9日　布劳恩林在统计开支表：

给我哥哥荷尔德林的：

两块半麻布

1古尔登

到图宾根的运费，6克鲁泽尔

共计1.6

1月24日　齐默尔写信给伯克：“尊敬的监护人先生，随信附上您的被监护人最近四个月的报告，他的表现非常好，对所有人都很友好……”

7月　齐默尔写信给伯克：“您的被监护人表现非常好。即使在最寒冷的日子里，他也很好，经常在沙发上打瞌睡。他以前很少打盹，但半夜仍在屋子里转悠……注：荷尔德林读完这封信后摇了摇头。”

11 月 3 日　鞋匠穆勒开具发票：

给荷尔德林先生的说明（原文拼错为 Hölterle）：

5 月 28 日　一双鞋完全修好，50

11 月 3 日　一双新鞋，1.36

11 月 5 日　齐默尔写信给伯克：“关于你的被监护人，一切都很稳定。和以前一样，他的情况很好；最近，根特·冯·埃斯林根（Günther von Esslingen）秘书先生来看望了他，他还弹了半天钢琴，他经常这样做。”

图 13　荷尔德林家族徽章。

1837年

来自古斯塔夫·席勒希尔（Gustav Schlesier）的注释："他（荷尔德林）现在将自己的作品署名为'斯卡塔内利'（Scartanelli，原文如此，正确拼法为Scardanelli）。他认为自己的名字不再是荷尔德林，而是斯卡塔内利，甚至是布阿罗蒂［Buaroot，原文如此，正确的写法是布奥纳罗蒂（Buonarotti）］。"

1月　齐默尔写信给伯克："昨天晚上，我家附近发生了火灾，屋里一片骚动，但荷尔德林仍然平静地躺在床上。"

4月7日　荷尔德林写信给卡尔·昆泽尔（Carl Künzel）：

当人们问自己"善"是什么时，答案是：

人类必须赋予美德以应有的荣誉，并在生活中实践人类所追求的一切。生活与美德不同，因为美德与人类直接相关，而生活则与人类更为遥远。善一般也包括人类的内在性。先生，我向您问好。

你最忠实的朋友

布奥纳罗蒂

4 月 17 日　齐默尔写信给伯克：

14 天前，一位先生从德累斯顿来拜访荷尔德林。起初，荷尔德林对他相当客气，但当他意识到此人是位学者后，很快就变得和蔼起来，并开始平静地与他交谈。来访者递给他一张纸，荷尔德林在上面写了一首诗，并签上了自己的名字，这让他非常高兴。

7 月　齐默尔写信给伯克：“你的被监护人表现很好，几天前，他为来访的齐默尔夫人写了一首哲理诗。”

9月16日 荷尔德林写了一首诗：

秋

离开大地的传说如此浩瀚，
从过去和未来的精神中走来，
它们转向人类
从匆匆流逝的时间中，我们学到了很多。
过去的影像不会被自然遗忘
夏日逝去，秋天再次降临大地，
暴风雨的灵魂在天堂聚集。
许多事情已经结束，时间如此匆匆，
农夫从犁头上注意到，
看这一年是如何欣然结束的；
这样的画面让人的一天变得圆满。
岩石点缀的圆形大地
与黄昏后被蔑视的云彩不同；
它在金色的白天展现自己，
而完美让一切抱怨都无处遁形。

(Der Herbst

Die Sagen, die der Erde sich entfernen,
Vom Geiste, der gewesen ist und wiederkehret,
Sie kehren zu der Menschheit sich, und vieles lernen
Wir aus der Zeit, die eilends sich verzehret.
Die Bilder der Vergangenheit sind nicht verlassen
Von der Natur als wie die Tag' verblassen
im hohen Sommer, kehrt der Herbst zur Erde nieder,
Der Geist der Schauer findet sich am Himmel wieder.
In kurzer Zeit hat vieles sich geendet,
Der Landmann, der am Pfluge sich gezeiget,
Er siehet, wie das Jahr sich frohem Ende neiget,
In solchen Bildern ist des Menschen Tag vollendet.

Der Erde Rund mit Felsen ausgezieret
Ist wie die Wolke nicht, die Abends sich verlieret,
Es zeiget sich mit einem goldnen Tage,
Und die Vollkommenheit ist ohne Klage.）

年底，天主教神学家阿尔伯特·迪芬巴赫（Albert Diefenbach）拜访了荷尔德林：

一件琐事让我来到内卡河畔木匠齐默尔的家。一个高大的、弯着腰的、超凡脱俗的身影在门口迎接我。我惊呆了。他空洞的眼睛迷茫地盯着我，面部肌肉抽搐，灰色的卷发抖动，他的一切都显示出一个疯子的古怪。随后，他又说了一大堆令人费解的称谓——我只能从中听出“陛下、殿下、教皇陛下、阁下、父亲大人、仁慈的先生”——紧接着，他又深深地鞠了一躬，并做了其他一些礼貌性的大动作。我问的第一个问题是那个令人不安的人是谁，答案令我大吃一惊：荷尔德林！……他的房东是个有教养的友善之人，他好心地带我到老诗人的房间，借口是让我看看窗外俯瞰内卡河和施泰因拉赫河谷的美景。疯狂的诗人像以前一样以同样的礼节接待了我，他专注于他的手势和慷慨激昂的宣言。我仍能感受到他高大而略带弧度的身影、七十多岁老人英俊的面容、庄严的轮廓、高耸而深思熟虑的额头，尤其是他的眼睛对我的吸引力。从那以后，我再也没有见过这样的眼睛——它们确实带着友好的微笑，但也带着迷茫和狂野；不可否认，它们有些疲惫，但仍然和蔼可亲，充满活力。他们的表情因上方那痛苦、压抑、皱起的眉头而更加强烈。荷尔德林曾经高贵的五官呈现出明显的、毁灭性的精神疾病痕迹，尤其是在他的嘴和脸颊上。他的脸部、肩膀和双手都在不自主地抽搐。他希望对来访者温和友好，但却感到困惑：人们无法理解他。他的问话和回答既急促又杂乱无章，他用欢迎来访者时的赞美之词搪塞来访者。

除少数例外，他不再认识以前的熟人，有时甚至不认识同父异母的兄弟。

他最喜欢的地方是开阔的大自然，对他来说，这仅限于内卡河畔的一个小花园。他经常在那里逗留，无论白天还是黑夜，摘下草叶和花朵扔进河里。他对孩子们表现出最狂热的崇拜，但这个令人不安的老人会吓到他们——他们会跑开，然后他就会哭。当他还能控制自己的疯狂时，他曾冒着生命危险救了一个孩子。每当黎明的第一缕曙光升起，他就会离开床铺，在房子的走廊和小花园里徘徊半天。他唯一阅读的作品是他在现居地找到的诗人的书（扎卡里亚、克拉默、格莱姆、克罗内克和克洛普斯托克），尤其是《许帕里翁》（旧版）。他无法忍受新诗人的作品。尽管他对索福克勒斯的研究非常出色，但他几乎不懂希腊语。他大声朗诵《许帕里翁》或《克洛普斯托克》中的段落，一朗诵就是几个小时，热情洋溢。每当他遇到一张纸，就会在上面写满诗句，其中大部分严格遵循古代格律。这些诗在形式上是正确的，但在概念上却是混乱的。他唯一真正成功的地方是对自然的描述，尤其是当他看到自己想要赞美的事物时。随信所附的荷尔德林签名手稿就是最好的证明，这是他在我访问的那天早上写的［诗歌《夏日》(*Der Sommer*)］，开头是“眼前浮现了收获的田野，在高处熠熠生辉”(Das Erndtefeld erscheint, auf Höhen schimmert)……他深情地回忆起与马蒂松（Matthisson）、席勒、佐利克费（Zollikofer）、拉瓦特（Lavater）等人的友谊，以及所有爱他的人。他不想听歌德的消息［席勒和艾希霍恩（Eichhorn）曾提议让荷尔德林担任耶拿的哲学教授，但歌德推荐了尼特哈默（Niethammer），后者最终获得了这个职位］……他经常注意到一些小事，并忠实地记住它们的每一个细节。他热爱音乐：他在房东的钢琴前一坐就是几个小时，弹奏同样的乐曲，直到弹腻了为止——通常是他快乐的青春岁月中记忆犹新的简单幼稚的乐曲。最后，这个可

> 怜的人陷入了疯狂的忧郁之中，闭上了泪流满面的眼睛，抬起头，悲怆地唱起歌来。人们听不懂他在说什么，但那平淡无奇的声音表达了深深的忧伤，给听众的心灵留下了深刻的印象。荷尔德林曾经是一位出色的音乐家和歌唱家。与他同住一屋的学生们……对他十分亲切，经常邀请他喝咖啡或葡萄酒。

根据古斯塔夫·施瓦布之子克里斯托夫·西奥多·施瓦布（Christoph Theodor Schwab）后来的描述，荷尔德林演奏和演唱的音乐包括咏叹调《所有快乐都离我而去》（*Mich fliehen alle Freuden*），选自乔瓦尼·派塞洛（Giovanni Paisiello）的歌剧《爱情受挫还是美丽的莫里纳拉》（L'amore contrastato o la bella molinara）的德文版《美丽的磨坊主夫人》（*Die schöne Müllerin*）。

1838年

年初　裁缝迈尔开出了一张发票：

致荷尔德林先生：

缝补四件衬衫 26

缝补一件睡袍 12

缝补长袜 12

购买半磅线 40

编织六双长袜 36

共计 2.36 古尔登

4月16日　库尔茨（Kurz）回复了莫里克寄来的荷尔德林肖像：我在图宾根见过荷尔德林，本来在这幅画中认不出他来，但今天我把它给西尔彻

（Silcher）看时，他立刻说出了他的名字。我可以肯定地说，他的嘴唇变薄了，也更紧抿了；也许他在过去十年中发生了变化。无论如何，这幅画的笔触稀疏而迅速，意义非凡。

4 月 17 日　齐默尔写信给伯克："你的受监护人情况很好，我们也是。假期快结束时，他接待了几位访客，这对他来说一定是个负担，因为他跑开了，只留下他们站在那里。"

6 月 26 日　莫里克在给库尔茨的信中写道："我最近收到了一堆荷尔德林的论文，大多字迹不清，是极其孱弱的作品。但我必须至少与你分享一个奇特的宗教片段。"

莫里克引用了其中的几行，将儿童的《教理问答》（*catechism*）比作"令人昏昏欲睡的闲扯淡"。

> 您如何看待这一描述？关于形容的部分听起来非常幼稚，无论它们多么动人。接下来是对房东的颂歌（我眼前就有这首颂歌，是房子主人自己抄写的，他一定觉得受宠若惊）。最后

一节提到了木工和森林，尤其引人注目。（致齐默尔的一诗在后，见1825年条目）。

同年夏天晚些时候，库尔茨给莫里克回信：

我觉得荷尔德林的作品非常有启发性，这正是因为我在其中发现了我长期以来无法表达却又本能地追寻的东西。事实上，在荷尔德林身上，我发现了与黑格尔的相似之处。他们有一些共同的即兴之作：前者对学理的阐释，可能是后者在讲台上以其标志性的粗暴语调发表的，他的《精神现象学》充满了类似的思想，而这正是其价值所在（如果解释正确的话）。但我一直不敢承认的是，正是通过这些细节（包括您寄给我的这段话），荷尔德林一直给我留下了如此深刻的印象……黑格尔的思想带有日耳曼色彩，但荷尔德林的预言也不过是斯瓦比亚主义（Swabianism）的深化。

7月　齐默尔写信给伯克：

你的受监护人情况良好，现在他的房间里有了新窗户和百叶窗，起初他对这些都慎之又慎。长期以来，当他晚上突然想到什么的时候，他总是习惯性地下床，打开窗户，对着外面的空气表达自己的想法。但现在，有了这些新窗户后，当他试图打开窗户时，他发现窗户不太舒服，所以就不像以前那么快打开窗户了。

秋天　古斯塔夫·库内（Gustav Kühne）拜访荷尔德林：

我刚踏进他居住的房子，一种可怕的恐惧就占据了我。我看到了周围的环境，看到了可怜的诗人眺望内卡河的那扇窗户，看到了房子前面的那一小块地方，自从他不再被允许到更远的地方漫步后，他每天都在那里散步。看到他本人让我觉得多余，在一个被废黜的王子

> 身上看到昔日伟大的废墟是相当悲哀的……这时，我的朋友、亲爱的先生走进房间，与一个陌生人握手，说："这是荷尔德林居住的房子的主人。前一天，我曾表示想见见这位好木匠，他是这位不幸者三十年来的监护人、导师和朋友……"

此时，库内抄录了齐默尔所说的一切——用他的斯瓦比亚方言长篇大论，尽管没有相比之前新透露的信息。接着，他描述了与诗人相遇的情景：

> "他在那儿！"木匠说，"来吧！但别指望他会演奏音乐，他今天心情不好。他说智慧之泉已经被毒化，知识的果实就像空钱包，纯粹是欺骗。看到他了吗？他正坐在李子树下，收集干瘪的果实。在他原本混乱的言谈中，往往蕴含着许多道理……"这个不幸的人现在就站在我们面前的门槛上。木匠介绍说，我是一名制琴师，给小键琴调音。"不需要。"荷尔德林说，

“不需要！调音需要另一种修理。它很好，就像现在这样。我认识您很久了，您的名声在外，大人。如果我今天碰巧出了什么差错，朱比特（原文拼成了Juppiter）就会上朝，甚至对您的妹妹也不屑一顾。是！”他突然沉默了，就这样站在我们面前，沉默而平静。他的脸上洋溢着战场的寂静……我再也看不下去了。我们告辞时，诗人深深地鞠了一躬，低声说着他的礼仪用语。M. 说：“再见，亲爱的荷尔德林！”“亲爱的冯 · M. 男爵，我很荣幸向您致敬并向您告别！”他回答道。

11 月 18 日　恩斯特 · 齐默尔突然去世，享年 86 岁。关于荷尔德林是如何回应的，没有任何记录。此后，齐默尔的女儿洛特（Lotte）一直与诗人保持着特别友好的关系，她负责照顾诗人以及诗人与亲属和伯克之间的所有通信。荷尔德林称她为“圣女洛特”。

1839年

2月4日 洛特·齐默尔给伯克写信，附上四个月的开支记录：

> 图书管理员先生现在非常焦躁不安，雷雨天气对他影响很大，他的情绪每天都在变化。他时而安静平和，时而焦躁不安，情绪波动如此之大也就不足为奇了。晚上，他经常起来散步，我们很高兴他穿着衬衫，这似乎对他帮助很大，这样他就不会脱掉衬衫了。

4月20日 洛特再次写信给伯克：

> 荷尔德林现在的情况良好，他最近只有几

天坐立不安，像往常一样，这是因为天气变化对他影响很大。假期里，我们清理并粉刷了他的房间，所以我们不得不把他安置在一间空置的学生宿舍里，他在那里住了十天，直到一切都弄好。他特别喜欢那里，因为房间里有一架钢琴，所以他一弹就是几个小时。每天，他都会来看看自己的房间，问什么时候能准备好，所以当他终于可以回去的时候，他非常激动。看到自己的房间变得如此漂亮，他非常满意，并向我们表示了衷心的感谢。

4月24日（如果手稿上的日期可信的话）荷尔德林创作了诗歌《春》(*Der Frühling*)，开头写道："阳光普照，田野繁花似锦"(Die Sonne glänzt, es blühen die Gefilde)……与他1837年以来的几乎所有诗歌一样，他以斯卡达内利(Scardanelli)的名字署名［或者，不太常见的是，以布奥纳罗蒂(Buonarotti)的名字署名，这可能是对菲利波·布奥纳罗蒂(Filippo Buonarroti)的拼写错误。菲利波·布奥纳罗蒂是一位 1761 年出生于比萨的革命家，于 1837 年逝世于巴黎。他是公有制和平等主义最激进的支持者之一，也是工业主义的坚定批评者］。

7 月 12 日　女裁缝路易丝·格弗勒（Louise Gfrörer）开具发票：

> 齐默尔夫人的订单：
>
> 六双袜子 1 古尔登
>
> 纱线 1
>
> 缝补一条长袜 15 克鲁泽尔
>
> 共计 2.15

7 月 29 日　荷尔德林在图宾根和耶拿时的好友路德维希·诺伊弗去世。

10 月 15 日　洛特·齐默尔给伯克写信：

> 由于荷尔德林先生的衬衫问题，我们遇到了一些困难。他们一年前送来的新衬衣已经破旧不堪，无法修补，另外三件衬衣的袖子和领

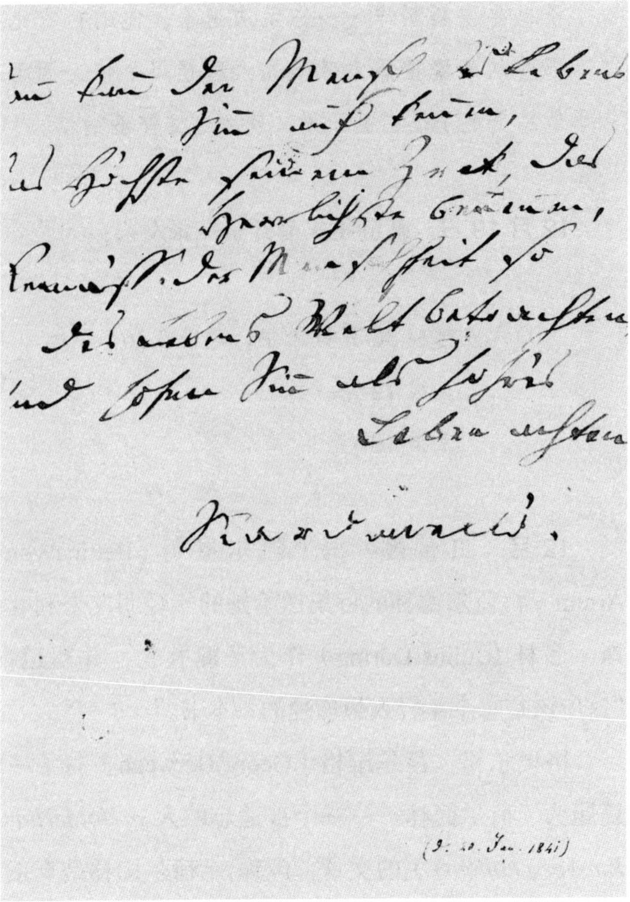

图 14　署名“Scardanelli”的诗歌细节（1841 年?）。

子也要重新制作……你无法想象，他的衬衣比那些从事繁重体力劳动的人磨损得更快，因为他总是把手插在袖子里，就像这样弹着钢琴。

12月19日 裁缝霍夫曼开了一张发票：

六件衬衫 36 克鲁泽尔，单价 3.36
线 12
下摆 10

12月 贝蒂娜·冯·阿尔尼姆（Bettina von Arnim）将荷尔德林的诗集送给她的年轻朋友朱利叶斯·多林（Julius Döring）作为圣诞礼物，并写道："这应该是每个年轻人最珍爱的一本书。"

格奥尔格·赫尔维格（Georg Herwegh）写了一篇题为《荷尔德林——一个被遗忘的人》（*Holderlin-Ein Verschollener*）的文章，声称："荷尔德林是真正的诗人"：

1839年

荷尔德林是真正的青年诗人，德国对他负有罪责，因为德国看着他堕落。他看到了我们的悲惨境遇，甚至在我们的耻辱将我们推向低谷之前，他就已经陷入了神圣的疯狂之夜，从而拯救了自己——他曾被召唤在我们前面冒险，为我们高唱战歌……正如伯恩所说，“青年相信的东西是永恒的”，这句话在荷尔德林身上亦是正确的……对于那些对古代文学感兴趣的年轻人，他甚至比最伟大的古典学家更有价值……荷尔德林知道世界有多大，却无法接受它变得有多小。

1840年

1月（大概） 荷尔德林为一位身份不明的访客在留言簿上题词：

关于生活的现实：

一旦人们发现，生活中的知识在于他们感兴趣的东西，那么，我们就可以说生活是有目的的，生活中的有用之物并非索然无味。

人们最崇高的肯定并非没有类似的普遍性。我们的内心由许多禀赋组成，但这些禀赋不会排斥这种肯定。在这方面，只要人们存在于人类社会中，他们就是最高的自我。

1729年1月25日

您谦卑恭顺的仆人

布奥纳罗蒂

法国文学评论家菲拉莱特·夏斯（Philarète Chasles）发表了一篇题为《荷尔德林，革命的疯子》（*Hölderlin, le fou de la Révolution*）的文章，将诗人的疯狂归因于在巴黎的逗留。他说："巴黎把一个和平的梦想家变成了一个傻瓜……年轻时，他梦想着和平的柏拉图式共和国；少年时，他抨击奴性的欧洲。现在，他因为看到巴黎而发疯。'文明的怪兽'让他无法呼吸。"

贝蒂娜·冯·阿尼姆出版了书信体小说《金德小姐》（*Die Günderode*），其中有许多辛克莱尔（化名圣克莱尔）关于荷尔德林的轶事：

圣克莱尔说……听他（荷尔德林）就像在听风的怒吼，因为他总是在赞美诗中嘶吼，中断的时候就像风转向的时候，然后人们就能抓住更深的含义，认为他疯了的想法就完全消失了……荷尔德林曾经说过，一切皆有韵律，整个人类命运就是天国的韵律，就像每件艺术作品都是一个独特的韵律一样，一切都来自上帝诗化的唇舌；当人类精神顺从时，命运就发生了变化——天才在其中显现出来，诗歌就变成了一场为真理而进行的斗争，有时是以一种柔韧和运动的精神进行的斗争，词语借此抓住身体（诗歌形式），有时是以一种许帕里翁精神进行的斗争……对我来说，他的话语就像神谕，他在疯狂的状态下以上帝牧师的身份宣读这些神谕。当然，从他的角度来看，所有世俗的生活方式都像是难以理解的疯狂。

11 月 10 日　鞋匠费赫特开出一张发票：

荷尔德林先生：

8 月 6 日，修一只鞋，12 克鲁泽尔

11 月 4 日，修一只鞋，8

共计　20

1841年

1月14日　施瓦布自1840年秋季起就在图宾根神学院（Tübinger Stift）学习，他第一次拜访了荷尔德林，并在日记中记录了这次会面：

> 今天，在几次徒劳的尝试之后，我终于见到了荷尔德林。我并没有太努力，因为我很纠结，怕破坏了我脑海中根据他年轻时的轶事而形成的美好形象。现在我知道了，两者的差异是如此之大，以至于这两个形象可以共存而不互相伤害……我走进去的时候，他正坐在钢琴前弹琴，但马上站起来向我致意，我也回敬了他几句。虽然那个女孩说他一看到我就会出来，但我很高兴他没有，而是坐了下来，继续弹奏。

他弹得很悠扬，但没有谱子。他一句话也没说，我在钢琴旁站了半个小时，也没跟他说一句话。我很容易就记住了他的外貌特征——起初，我很难确定方向，因为我无法摆脱自己脑海中他的年轻帅气的形象，但后来我集中精力，丝毫没有注意到他脸上深深的皱纹。他的额头很高，完全垂直，鼻子相当普通，也许略微突出，但轮廓挺拔。他的嘴很小，嘴唇很薄，就像他的下巴和下半张脸的其他部位一样，看上去很稚嫩。有时，特别是当他演奏好一段旋律时，他会看着我：他的眼睛是灰色的，虽然缺乏活力，却有一种不透明的光彩，他的眼白显得如此蜡黄，以至于我感到害怕。我感动得热泪盈眶，情不自禁地哭了起来；我如此感动的事实——他可能把这归功于音乐——似乎让他很高兴，他几次以孩子般的坦率看着我。我尽力让理智控制我的目光，并保持一种自然的礼仪风度，这可能有助于我与他更加友好地相处。最后，我冒昧地问他我是否可以看看他的房间，他同意了，并打开门说："请进，殿下。"我走了进去，称赞了这里的景色，他也同意了。他打量着我，低声自言自语了几句："他是个将军。"然后又说，"他穿得真漂亮"（我正好穿着一件丝绸外套）……我问他还是学生时是否写过《许帕里翁》，他结结巴巴地说了几句废话，然后点了点头。我问他是否见过黑格尔，他也点了点头，但又补充了一些难以理解的词，其中我听出了"绝对"……我又问他席勒的情况，他似乎一个字也不想听。书架上放着《许帕里翁》第二版，我给他看了最让我着迷的段落，他再次表示赞同，因为他似乎很喜欢我的赞美。我请他给我读一段话，但他只会胡言乱语，Pallaksh 似乎是"是"的意思……翻开他的书，我发现了坎佩（Kampe）的《灵魂学说》（*Doctrine of the Soul*），以及克洛普斯托克、扎卡里亚和海格多恩（Hagedorn）的诗。我问他怎么样，他向我保证他很好；我说在这么好的地方不会生病，他回答说："我明白，先生，我明白。"

1 月 21 日 施瓦布在日记中记述了他的另一次访问：

1 月 16 日，我拜访了荷尔德林。当晚和当天上午，他的情绪一直不好。但在下午两点钟，当我在稍稍平静的天气中拜访他时，他却相对平静。他几次用友好的表情看着我，但他的坏情绪又不时出现。我笑着告诉他，他喜怒无常、固执己见，他经常大声说出自己的想法，而他似乎接受了这些想法，没有作出任何回应。我说他脚下的河水流淌得如此壮丽，夜色如此美丽，他回答说："原来你也懂我。"他从不直呼别人的名字，只是大声说出自己的想法。当我在读他的《许帕里翁》时，他自言自语道："别看那么多，那是吃人的。"当我请他和我一起坐在沙发上时，他说："在任何情况下，这都是危险的。"然后就什么也不做了。当我打开他的诗集时，他坚持不让我打开，当我提出要借维兰德的诗给他时，他断然拒绝了。当我站起来或走开时，他有几次看着我说，“你有一张完全斯拉沃尼亚克式的脸”，“男爵很英俊”……

我今天又回去收集他写的诗。有两首，但都没有署名。齐默尔的女儿让我请他在下面写上荷尔德林的名字。我照做了，但他随后变得恼羞成怒，开始在房间里跑来跑去，抓起一把椅子，急不可耐地把它放在一个地方，然后又挪到另一个地方，一边喊着难以理解的话，其中我清楚地听到“我的名字是斯卡达内利”。最后，他终于坐下来，在每首诗的下面愤怒地写下了“斯卡达内利”这个名字。

署名斯卡达内利的两首诗分别名为《更高的生命》（*Höheres Leben*）和《更高的人性》（*Höheres Menschheit*）：

更高的生命

人选择他的生活，他的决定，

他远离错误，知道智慧、思想，
沉入世界的记忆，
没有什么可以让他对他的内在价值感到不安。
壮丽的大自然照亮了他的日子，
他内心的精神赋予他新的抱负
在他内心深处，经常尊重事实，
还有更高的意义，以及一些罕见的问题。
那么人也能知道生命的意义，
根据其目的命名最高的、最光荣的，
根据人类的观点，这就是我们看待生命世界的方式，
并将崇高的意义视为更高的生命。

(Höheres Leben

Der Mensch erwählt sein Leben, sein Beschliessen,
Von Irrtum frei kennt Weisheit er, Gedanken,
Erinnrungen, die in der Welt versanken,

Und nichts kann ihm der innern Wert verdriessen.

Die prächtige Natur verschönet seine Tage,

Der Geist in ihm gewährt ihm neues Trachten

In seinem Innern oft, und das, die Wahrheit achten,

Und höhern Sinn, und manche seltne Frage.

Dann kann der Mensch des Leben Sinn auch kennen,

Das Höchste seinem Zweck, das Herrlichste benennen,

Gemäss der Menschheit so des Lebens Welt betrachten,

Und hohen Sinn als höhres Leben achten.)

更高的人性

人被赋予内在的意义，

正如人们所认识的那样，他们选择更好的目的，

它是这样一个目的，亦即现实生活，
生命的灵性年限由此算计。

（Höhere Menschheit
Den Menschen ist der Sinn ins Innere gegeben,
Dass sie als anerkannt das Bessre wählen,
Es gilt als Ziel, es ist das wahre Leben,
Von dem sich geistiger des Lebens Jahre zählen.）

1 月 24 日　索菲·施瓦布（Sophie Schwab）写信给克纳：

我们的克里斯托夫……结识了荷尔德林，荷尔德林似乎对他很感兴趣，至少克里斯托夫比其他人更成功。应克里斯托夫的请求，荷尔德林写了几首诗；我亲爱的读过之后说，荷尔德林的天才依然显露无遗。我期待着自己也能读到这些诗……您读过贝蒂娜的新书《冈德洛德》(*Die Günderode*)吗？书中也有许多关于荷尔德林的有趣细节。我还想补充一点，在荷尔德林身上，我们可以看到他的精神是多么的奇妙，即使在深陷疯狂四十年之后，他的精神依然存在，并在如此漫长的岁月之后通过他的作品熠熠生辉。

1月26日　施瓦布在日记中写道：

今天我又去拜访了荷尔德林。我给了他一支雪茄，他接受了，于是我们一起走来走去抽了一会儿。他很平静，说的话清晰易懂。无论我说什么，他通常都会回答："你可能是对的""你是对的"，有一次他甚至说："那当然是真的。"我告诉他我刚收到一封来自雅典的信，他非常认真地听我说话，然后同意了我的话。我问他关于马蒂森的事，问他是否爱马蒂森，他点了点头；我小时候就认识马蒂森，于是我又问起了他，但他只给出了非常迂回的答案，我很快意识到他其实是在说我。他今天叫我帕特，有一次还说，“你是一个非常讨人喜欢的人”……当他的手帕掉在地上，我捡起来时，他惊叹于我的善意，喊道：“哦，最亲切的先生。”

1月27日　科塔写信给卡尔·戈克

我们荣幸地通知您，我们打算出版一套诗歌全集，格式与席勒的相同，我们在此附上……因此，我们冒昧地向您询问荷尔德林诗集的收费标准，以及您是否可以向逝者（原文如此！）的任何朋友提供撰写简短传记所需的资料或家庭详情，我们希望将其纳入新版荷尔德林诗集。

2月中旬　在2月12日的回信中，戈克要求支付与初版相同的稿费，并建议施瓦布作为简短传记注释的潜在撰稿人，但又补充道，我和诗人的所有其他亲属希望借此机会坚决驳斥多年来在报刊上流传的不实报道：

我和诗人的所有其他亲属希望借此机会坚决驳斥几年来在报刊上流传的不实报道。魏布林格和其他几个小混混（他最初写的是lausbuben，意思是“无赖”）肆意散布有关荷尔德林命运的误导性小道消息，迄今为止，唯一让我们裹足不前的是我们不愿意被迫就此事进行公开辩论，出于对可怜的荷尔德林的尊重，我们自然希望避免公开辩论。因此，我坚持只发表来自荷尔德林信件或其他可靠来源的信息。

2月25日 施瓦布在日记中写道：

2月12日下午，我和荷尔德林待了几分钟，给了他一本他的诗集，因为他自己的那本诗集被偷了，里面多了几页新诗。

当我把诗集拿给他看时，他很欣赏诗集的

装帧，但不想接受这份礼物，尽管我坚持说他不能把诗集还给我。我刚离开，他就从自己的房间出来，走进了木匠妻子的房间，而下午他从来不会这样做。木匠的女儿在门口遇见了他，他把书递给了她，并让她把书还给男爵大人，她说我一回来就会把书还给男爵大人。这似乎让他很满意，他回答说："我相信是这样"……

今天我回来后得知，荷尔德林并不想接受这本书。于是我去找他，请他在里面的空白页上写几行字，他答应了。他记得已经给了我几首诗，当我告诉他这几首诗激发了我想得到他更多作品的愿望时，他似乎受宠若惊……我给他看了魏布林格作品第一卷中的肖像，当我问他是否认识魏布林格时，他点了点头。然后我问他，魏布林格生前是否经常来访，他回答说："那么他已经不在人世了？"齐默尔的女儿告诉我，有人给他看了席勒作品的新刻版，这给他带来了极大的快乐；他特别喜欢《华伦斯坦》(*Wallenstein*)中的场景（在我看来也是最好的），并说：“那个人是无与伦比的。”总的来说，他还是很聪明的，在艺术方面也能作出合理的判断。我一走，他们就给他拿来了笔墨，他就坐下来在书上写字。

2月16日 戈克议员先生代表他的兄弟、图书馆馆长荷尔德林先生与出版商科塔签订合同，以“优雅的平装本”出版荷尔德林的诗集。

4月21日 戈克给施瓦布寄来荷尔德林传记的材料，并补充道：

考虑到您会在这里找到许多与魏布林格和其他人起草的浅薄传记相矛盾的材料，而且您会对通过可靠的通信来更多地了解荷尔德林的高尚品格有些兴趣，我决定将我自己收藏的（荷尔德林本人的）信件中的一部分作为证据寄给您，迄今为止，我一直像珍宝一样守护着这些信件……我不反对将荷尔德林的挚友辛克莱尔的一封信包括在内……信中对他与一位已故女性朋友的关系作了一些澄清。我相信，您会以荷尔德林崇高的敬意和他幸存的家人应有的细腻态度对待这段无疑对这位不幸的人产生了最悲痛影响的温情关系。

5月13日 戈克联系了齐默尔一家，建议他可以从即将出版的作品中拿出一部分稿费，作为“我不幸的兄弟……现在年事已高，除了平常的食物外，还需要每日‘点心’费用”。他还要求咨询医生，以确保“每天在早餐、正餐和晚餐之间吃点点心，再配上一杯醇香的葡萄酒，对年事已高的荷尔德林来说是可以忍受的，也是足够的”。

5月24日 洛特·齐默尔给戈克夫人写信：

你小叔子这几周身体一直不舒服，鼻塞得很厉害，因为晚上他经常光着脚出房间。他感冒了，所以有天晚上我起来给他沏茶，现在他已经好了，只是晚上他总是坐立不安，我不得不让他放松，并提醒他除非他安静下来，否则其他人都不能睡觉。目前的寒流对他肯定有影响。

我给您寄去了所需的证明，还有格梅林教授的医生意见。我不知道这是否符合您的要求，格梅林说他不认为纯葡萄酒是可取的，它可能太烈了……正如您在他的证明书上看到的，教授还想知道是否应该增加伙食费，我已经拒绝过好几次了……请您放心，您的小叔子会得到适合他需要的美味佳肴，当我为我母亲做一些特别的菜肴时，他也会得到同样的待遇，这就是为什么我们希望一切照旧，只在晚上加一点菜……每天早上和中午，他都会收到一个玻璃杯，里面有三份葡萄酒和一份我们自制的饮料，这种饮料总是非常好喝和纯正，因为我们是用葡萄汁做的，没有加水，他很乐意喝，这很健康，对他没有害处。每天早上，我都会给他做一些热食，还会从烤箱里拿出一些东西给他吃，如果可以的话，我有时还会给他面包和黄油。

7月8日 根据施瓦布的说法，荷尔德林写了以下无题诗：

精神的生成并不对人们隐匿，
人们发现生活是什么样的，
这是生命的一天，这是生命的晨曦，
精神的巅峰时刻就如金银宝器。
大自然如何发现自己的美妙，
人们是否这样将快乐寻觅，
他如何相信白昼、生命，
他如何将圣灵之约与自己结合在一起。

（Des Geistes Werden ist den Menschen nicht verborgen,
Und wie das Leben ist, das Menschen sich gefunden,
Es ist des Lebens Tag, es ist des Lebens Morgen,
Wie Reichtum sind des Geistes hohe Stunden.

Wie die Natur sich dazu herrlich findet,
Ist, dass der Mensch nach solcher Freude schauet,
Wie er dem Tage sich, dem Leben sich vertrauet,
Wie er mit sich den Bund des Geistes bindet.）

7月25日 玛丽·纳修斯（Marie Nathusius）在日记中写道：

菲利普问在这里读书的小施瓦布能否为我们安排一次见荷尔德林的机会……他带我们去了他一个朋友的房间，这个朋友和荷尔德林住在同一栋房子里，荷尔德林经常去那里弹钢琴……我们焦急地等待着，然后听到他下楼的声音。门开了，走进来一位老人——他现在已经是耄耋之年——穿着睡袍，稀疏的头发梳理得很朴实，他的头歪着，尽管更多的是出于矜持而不是软弱。他深深地鞠了几个躬。施瓦布说我们是他的崇拜者，并问他是否愿意为我们演奏一曲。他又鞠了几个躬，说了些“殿下，教皇陛下”之类的话，然后坐在钢琴前开始弹奏。我们站在旁边，被这悲凉的景象深深打动：这位灵感迸发的年轻诗人如今已变成了一位老态龙钟的老人；他的额头上曾经蕴藏着深邃的灵性直觉，他陶醉的双眼曾经凝视着广袤的美景，但现在他的每一个部分都显得迷茫而不稳定。只有偶尔，他的五官才会显得甜美忧郁。有时，他还会写诗，写一些单一、深刻和美妙的想法，尽管一点也不连贯。

8 月 10 日　一个名叫策勒（Zeller）的公务员给戈克写信，他的前任伯克到了退休年龄，策勒就成了荷尔德林的监护人：

　　我觉得我有责任亲自了解一下这个不幸的人的情况，他曾被寄予厚望，他的悲惨境遇无人能忽视。我深信，他现在的住所在各方面都很合适，他也得到了绝对适当的待遇。根据齐默尔夫人的报告，已经决定从 5 月 22 日开始，每天两次为病人提供酒或热饮，总共额外支出 8 克鲁泽尔。我不仅感到有责任确认这一决定——因为他的生活费绰绰有余，而且我还感到有责任，因为我们无法给这位病人提供更多的精神寄托，所以我有责任为他提供他可能喜欢的一切。

秋天（大概） 约翰·格奥尔格·菲舍尔于 1841 年至 1843 年在图宾根学习，他曾多次拜访荷尔德林。他后来发表了一系列访问记，其中包括他第一次见到诗人的情景：

第一次拜访时，我由来自巴塞尔的奥伯伦教授陪同，当我们到达门口时，我们听到荷尔德林在钢琴前激情澎湃地即兴演奏。我的心怦怦直跳，当我们敲门时，一声嘶哑而响亮的“请进”响起。荷尔德林对我们的问候深鞠一躬，并做了个请我们坐下的手势。他穿着锦缎长袍和拖鞋。我们没有必要介绍自己，因为他已经称呼我们中的一位为“教皇陛下”，另一位为“殿下”。当我们称呼他为“博士先生”（Herr Doktor）时，他立即纠正道：“图书管理员”……在期待已久的与如此非凡的思想相遇的最初几个痛苦的时刻，尽管他的不幸如此难以捉摸，但我们这边的谈话是尴尬和恐惧的，这是可以理解的。但我永远不会忘记，当一个问题引起他的共鸣，或一个名字让他印象深刻时，他的脸是如何突然变得明亮起来的。当我把话题引向他与席勒的初次见面时，这显然唤起了他对这位年轻朋友的回忆，他的蓝眼睛抬起来，喊道：“啊，席勒，我伟大的朋友：啊，席勒，我伟大的席勒！”但当话题转到歌德时，他的表情似乎变得冷漠，几乎是恼怒，他只是说：“啊，歌德先生！”

12月25日 荷尔德林写下了几首题为《冬》的诗，并注明了日期（大概是正确的）：

冬

当平原上的枯叶落尽，
于是银白降临山谷，
但天很明亮，阳光灿烂，
节日在城门外熠熠生辉。
这是大自然的宁静，田野的寂静
就像人的灵性一样，表现得更高
区别在于它们太高了
自然自我展现，而不是春天的温煦。
于 1841 年 12 月 25 日

(Der Winter

Wenn sich das Laub auf Ebnen weit verloren,
So fällt das Weiss herunter auf die Tale,
Doch glänzend ist der Tag vom hohen Sonnenstrahle,
Es glänzt das Fest den Städten aus den Toren.
Es ist die Ruhe der Natur, des Feldes

Schweigen

Ist wie des Menschen Geistigkeit, und höher zeigen

Die Unterschiede sich, dass sich zu hohem Bilde

Sich zeiget die Natur, statt mit des Frühlings Milde.

d. 25 Dezember 1841）

12 月 1 日 皮草商西格（Seeger）开具了一张发票：

图书管理员荷尔德林先生：

一顶绿布礼帽

1 古尔登 20 克鲁泽尔

1842 年

1 月 22 日　应策勒的要求，格梅林证明荷尔德林仍患有精神疾病：

> 我证明居住在这里（图宾根）的荷尔德林先生仍处于精神疾病状态。
>
> 图宾根，1842 年 1 月 22 日
>
> 格梅林医生

根据施瓦布的手稿注释，荷尔德林在这个月的某个时候创作了一首题为《冬》的诗：

> 远方高地之上，田野荒芜，
> 只有蔚蓝的天空闪闪发光，随着脚下的小

路前行

大自然焕然一新，风越来越清新
大自然披上了光环。
从天上可以看到地上的时间
整整一天，夜幕降临，绚丽多彩
当繁星在高空闪烁，
人类的生命更加充满灵性。

（Das Feld ist kahl, auf ferner Höhe glänzet
Der blaue Himmel nur, und wie die Pfade gehen,
Erscheinet die Natur, als Einerlei, das Wehen
Ist frisch, und die Natur von Helle nur umkränzet.
Der Erde Stund ist sichtbar von dem Himmel
Den ganzen Tag, in heller Nacht umgeben,
Wenn hoch erscheint von Sternen das Gewimmel,
Und geistiger das weit gedehnte Leben.）

1月18日 莫里斯·卡利耶尔（Moriz Carrière）致信科塔：

我冒昧地向您推荐一位诗人，他的作品已由您的出版社出版，我希望扩大他狭小的读者群……我指的是荷尔德林，他是教会和国家更美好未来的预言家，是当代最伟大的挽歌诗人。他的《索福克勒斯》当然应该与《许帕里翁》和他的诗集合在一起，后者需要在新版中完成……阿尼姆在柏林的一份刊物上发表了一首伟大的诗歌，堪与诺瓦利斯的《夜之赞歌》相媲美。应该加上导言，特别是要阐明《许帕里翁》的含义。

4月19日 洛特·齐默尔写信给策勒：

你的受监护人有几天不舒服，不过现在好多了，所以我带他去看了格梅林，他给他做了检查，但什么药都没开。他有很多痰，还流了鼻血，医生说流血对他很有好处，我们只需要非常小心地照顾他的饮食。他还发烧了，所以我用柠檬水代替酒给他喝，一天好几次，这对他有帮助。总的来说，你可以放心，他有他需要的一切，我努力确保没有任何疏忽……如果他离开这个世界，我不想有任何遗憾，也不想有任何事情压在我的良心上。我下定决心，我们一定要慷慨地对待这个可怜的灵魂，绝不能有丝毫的自私自利，不幸的是，这种情况经常发生在我们这些凡人身上。我们还必须更换床单。

春末　施瓦布的朋友露易丝·凯勒（Louise Keller）拜访了荷尔德林，并用铅笔为他画了一幅肖像，作为即将出版的荷尔德林诗集的封面插图。

6月30日　在古斯塔夫·施瓦布家的一次聚会上，一位目击者谈到了上述画作，以及在场者之间

图 15　露易丝·凯勒，荷尔德林肖像，1842 年。

关于荷尔德林的谈话：

这位朋友（露易丝·凯勒）刚从图宾根回来，由于克里斯托夫·施瓦布的关系……她被邀请到这位患病诗人的家中。在那里，她为诗人画了一幅画，这是保存下来的第一幅也是最后一幅画。我们在房间里传阅了这幅画。我现在还能看到列瑙（Lenau）盯着它看了很久……当天晚上，人们还描述了荷尔德林最后日子里的其他细节：为了不冒犯他，人们如何称呼他为“图书管理员”，他如何经常称呼别人为“教皇陛下”，“特克拉”（Thekla）这个名字如何开始越来越多地出现在他蹩脚的句子中，还有法语单词……最近几周，乌兰特给他送来了一个花瓶。荷尔德林欣喜若狂地接过花瓶，赞叹道：“这些花是绚丽多彩的亚洲鲜花。”

7月13日 神学院的学生费迪南德·辛普夫（Ferdinand Schimpf）写道：

1842年

哈贝马斯（Habermas）是住在齐默尔家的同学，他给了我和我的朋友凯勒一个机会去见疯狂诗人荷尔德林并与他交谈，一天下午他邀请荷尔德林到他的房间喝咖啡。这次，这位可怜的诗人应我们的请求，临时为我们写下了这些诗句。如果我们叫他的名字，他拒绝回答，而是回答说："你是在和罗塞蒂先生说话。"他的恭敬令人难以置信。

秋

自然的光芒是更高的启迪，
一天的欢乐即将结束，
这一年充满辉煌，
硕果累累，喜悦辉煌。
地球得到了适当的装饰，警报声也越来越少
响彻原野，太阳温柔地温暖着
秋日，远方的田野尽收眼底
视野开阔，微风拂过

穿过树枝，发出沙沙的欢快声，
田野与空旷交换位置。
这幅明亮画面的全部意义就像
一幅被金色光芒环绕的油画。

（Der Herbst

Das Glänzen der Natur ist höheres Erscheinen,
Wo sich der Tag mit vielen Freuden endet,
Es ist das Jahr das sich mit Pracht vollendet,
Wo Früchte sich mit frohem Glanz vereinen.
Das Erdenrund ist so geschmückt, und selten lärmet
Der Schall durchs offne Feld, die Sonne wärmet
Den tag des Herbstes mild, die Felder stehen
Als eine Aussicht weit, die Lüfte wehen
Die Zweig und Äste durch mit frohem Rauschen,
Wenn schon mit Leere sich die Felder dann

vertauschen,

Der ganze Sinn des hellen Bildes lebet

Als wie ein Bild, das goldne Pracht umschwebet.）

7月20日 洛特·齐默尔写信给策勒：

几天前，他（荷尔德林）因为用力拍打窗户而发怒，他非常痛苦地来找我，坚持要我看看窗户的损坏情况。我问是否是他造成的，他回答说不确定，可能是风吹的，他的否认让我笑了。窗户修好后，他说，“你对我真好”；有趣的是，当他弄坏了什么东西时，他会把它放在心上，并为此感到非常难过……

夏天（可能是7月28日） 医生兼哲学家海因里希·左尔贝（Heinrich Czolbe）拜访了荷尔德林，他“在学生时代就非常同情这位《许帕里翁》的诗人”。正如他的传记作者后来证实的那样：“这次谈话深深地打动了他，在这个年轻人的心灵深处留下了深刻的印象。当他漫步在美丽的内卡河谷时，他决心全力以赴，确保诗人的理想得以实现，一种更加和谐的生活形式得以实现，一种宁静、自然的宗教将驱除一切虚妄的可悲的狂热冲动。”

荷尔德林很可能为左尔贝写了下面这首诗：

当一个人独自生活时，他的痕迹就会显露出来，
就像一天从其他日子中划分出来
华丽的，人们向这些残余俯首称臣，
完全从自然中分离出来，不被羡慕。
仿佛它们在另一个广袤的生命中孤独无依，
那里春意盎然，夏意绵长
甜蜜地度过，直到秋天来临
乌云永远笼罩着我们。

1842 年 7 月 28 日
你卑微而顺从的仆人
斯卡达内利

（Wenn aus sich lebt der Mensch und wenn sein Rest sich zeiget,

So ists, als wenn ein Tag sich Tagen unterscheidet,

Dass ausgezeichnet sich der Mensch zum Reste neiget,

Von der Natur getrennt und unbeneidet.

Als wie allein ist er im andern weiten Leben,

Wo rings der Frühling grünt, der Sommer freundlich weilet,

Bis dass das Jahr im Herbst hinunter eilet,

Und immerdar die Wolken uns umschweben.

d. 28 Juli 1842

mit Unterthnigkeit

Scardanelli）

9月30日 古斯塔夫·施瓦布写信给科塔："我很高兴将荷尔德林诗歌的最新修改稿以及传记注释

寄给您……我的儿子向我表达了他的愿望，希望这些诗歌能有一份不带传记简介的副本。”

10 月 24 日 诗集第二版出版。

11 月 7 日 荷尔德林又写了一首题为《冬》的诗：

当季节的景象悄然逝去，
漫长的冬天再次向我们袭来；
田野荒芜，景色愈加和煦，
狂风呼啸，阵雨交加。
一年的结束就像安息日，
就像一个问题寻求答案的语气；
春天的脚步随之而来，
大自然的光辉照耀着万物。

1849 年 4 月 24 日
你卑微而顺从的仆人
斯卡达内利

（Wenn ungesehn und nun vorüber sind die

Bilder

Der Jahreszeit, so kommt des Winters Dauer,
Das Feld is leer, die Ansicht scheinet milder,
Und Stürme wehn umher und Regenschauer.
Als wie ein Ruhetag, so ist des Jahres Ende,
Wie einer Frage Ton, dass dieser sich vollende,
Als dann erscheint des Frühlings neues Werden,
So glänzet die Natur mit ihrer Pracht auf Erden.

d. 24 April 1849

Mit Unterthänigkeit

Scardanelli）

11 月 27 日　埃西格（Essig）博士取代策勒成为荷尔德林的监护人。

据卡尔·罗森克朗兹（Karl Rosenkranz）称，荷尔德林也曾在黑格尔的留言簿上写下“en kai pan”这个短语，“今天仍然可以在一张大纸上看到，贴在他图宾根房间的墙上。”

12 月 2 日　裁缝费赫特开出一张发票：

图书管理员荷尔德林先生：

做了一条有衬里的裤子 54

纽扣 12

亚麻布料 55

缝补一件长袍 10

共计 2.17 古尔登

1843 年

1 月（可能是 24 日） 乌兰特和日耳曼学家阿德尔贝特·凯勒（Adelbert Keller），以及克里斯托夫·施瓦布拜访了诗人，他们发现诗人“满足而宁静”，但也“让人肃然起敬”。荷尔德林为他们写了一首“关于冬天的诗”，其中有“美丽的意象和思想”，但“缺乏连贯性”（ohne Zusammenhang）。这大概是多首题为《冬》的诗中的一首，其中两首的写作日期分别为 1676 年 1 月 24 日和 1743 年 1 月 24 日。

冬

当岁月变迁，光辉不再
大自然亦不再繁华
季节的绚烂迅速逝去，正如

日子也在慢慢流逝。
生命的精神在不同的时代浮现，
生机勃勃的自然，丰富多彩的岁月绵延不绝
绚丽绽放，日新月异的本质
人们看到的是正确、优雅而精致。

1676年1月24日
您卑微而顺从的仆人
斯卡达内利

（Der Winter

Wenn sich das Jahr geändert, und der Schimmer
Der prächtigen Natur vorüber, blühet nimmer
Der Glanz des Jahreszeit, und schneller eilen
Die Tage dann vorbei, die langsam auch verweilen.
Der Geist des Lebens ist verschieden in den Zeiten
Der lebenden Natur, verschiedne Tage breiten

1843年

Das Glänzen aus, und immerneues Wesen

Erscheint den Menschen recht, vorzüglich und erlesen.

d. 24 Januar 1676

Mit Unterthänigkeit

Scardanelli）

冬

当一年的白昼降临
山野寂静无声，
天空的蔚蓝照耀着日子
如繁星般升起在明亮的高空。
变化和绚丽不再蔓延，
溪流湍急而下，
但平静的精神却在
绚丽的大自然深邃而幽远。

1743年1月24日

您卑微而顺从的仆人

斯卡达内利

（Der Winter

Wenn sich der Tag des Jahrs hinabgeneiget
Und rings das Feld mit den Gebirgen schweiget,
So glänzt das Blau des Himmels an den Tagen,
Die wie Gestirn in heitrer Höhe ragen.
Der Wechsel und die Pracht ist minder umgebreitet,
Dort, wo ein Strom hinab mit Eile gleitet,
Der Ruhe Geist ist aber in den Stunden
Der prächtigen Natur mit Tiefigkeit verbunden.

d. 24 Januar 1743

Mit Unterthänigkeit

Scardanelli）

1 月 27 日（或前一年的 12 月初，就在诗集第二版发行之后）约翰·格奥尔格·费舍尔再次拜访荷尔德林：

后来的一次拜访给我们留下了深刻印象。当时我和奥伯伦，以及克里斯托夫·施瓦布——古斯塔夫·施瓦布的儿子——在一起，施瓦布后来成了科塔的荷尔德林作品版的编辑，同时也是斯图加特的一名教授。他给了荷尔德林一本新版本，荷尔德林很快翻阅了一遍，并向施瓦布点头致谢。然后，他再次看了看书名，说："是的，这些诗是真的，是我的（sie sind von mir），但名字错了，我一生中从未被称为荷尔德林，我的名字是斯卡达内利或斯卡利格·罗萨（Scaliger Rosa）……"奥伯伦问他："图书管理员先生，您还研究过索福克勒斯的作品吧？"他回答说："我想翻译《俄狄浦斯》，但出版商是……"他随即说了一句脏话，并重复了好几次。然后我转过身对他说："但你的《许帕里翁》是成功的，你所崇拜的狄奥提玛是高尚的创作。"听了这话，他的脸一下子红了，一边数着手指一边回答说："啊，我的狄奥提玛！别跟我谈我的狄奥提玛，她给我生了十三个孩子。一个当了教皇，一个当了苏丹，第三个当了俄罗斯沙皇。”然后他又用斯瓦比亚方言补充道，“你知道发生了什么吗？他疯了，疯了，疯了！”（Ond wisset Se, wies no ganga ischt? Närret ischt se worde, närret, närret）。他猛烈地重复着这最后一个词，手势如此激烈，以至于我们再也无法忍受，于是告辞结束了他的危机。他一如既往地用“我仍然是您忠实的仆人”向我们致敬。

（注意从正式语言到方言的转换，似乎是为了强调前面的话是有意识的，也许是故作疯狂）。

1月30日 洛特·齐默尔写信给埃西格博士：“……因为裁缝还没有完成他的工作，所以我不能附上晨衣的收据……”

2月6日 莫里克在给威廉·哈特劳布（Wilhelm Hartlaub）的信中谈到了他在纽廷根拜访荷尔德林的妹妹，布劳恩林教授的遗孀，一位“非常健谈的女士”：

她给我看了几幅荷尔德林的肖像画，包括一幅荷尔德林送给她的结婚用的大幅粉彩画，还送给我一个装满荷尔德林手稿的大篮子。女主人为我腾出了一间小阁楼，那里有最古老的家具和家庭照片，这样我就可以在不受打扰的情况下研究这些手稿了。我一个人坐在那里，但女仆时不时会拿着编织袋进来。这让我有必要分散一下注意力，否则面对这么一堆瓦砾，我可能会失去理智。

我发现了值得注意的他的诗稿（大部分是打印的），其中有许多更正；它们往往是同一首诗的变体或抄本（施瓦布，我从他的注释中可以看出，据我判断，他是用这些稿件来撰写他的更为细致入微的版本）。还有索福克勒斯（有些是印刷版）、欧里庇得斯和品达的译文；戏剧创作论文；鲜为人知的朋友［西格弗尔·施米德（Siegfr. Schmid）、诺伊弗等人］的来信，以及荷尔德林的一些亲笔信，如果我的猜测是正确的话，还有我们所熟知的女人狄奥提玛的轮廓图；《许帕里翁》第一版的纸张，看起来就像刚从印刷厂拿出来的一样。尤其令人感动的是他在洪堡和耶拿时期的各种小纸片，它们让我突然回到了他不幸的现今生活状态的起点。

3月　阿诺德·伦格（Arnold Runge）写信给卡尔·马克思：

这很残酷，但我必须说出来，因为这是事实：我无法想象还有哪个民族像德国人民一样四分五裂。你看到的是工人，但没有真正的人类；是思想家，但没有真正的人类；是领主和仆人，是年轻人和老年人，但没有真正的人类。这难道不是战场吗？“在这里，手、胳膊和所有的肢体都被分开、撕裂，而他们的生命之血则渗入沙土之中。”荷尔德林在《许帕里翁》中如是写道。这句格言完美地诠释了我的心境，不幸的是，它并不新鲜。

3 月 20 日 据一些人说，在他的生日这一天，荷尔德林创作了诗《春》：

春

当春意从深处萌发、
人们惊叹不已，新词层出不穷
在精神的感动下，欢乐再次回归
歌声和歌声都在欢庆。
生活在季节的和谐中，这样
自然与精神永远相伴，
思想与心灵完美合一；
这样，从大自然中得到的最多。

1758 年 5 月 24 日

（Der Frühling

Wenn aus der Tiefe kommt der Frühling in das Leben,

Es wundert sich der Mensch, und neue Worte streben

aus Geistigkeit, die Freude kehret wieder
Und festlich machen sich Gesang und Lieder.
Das Leben findet sich aus Harmonie der Zeiten,
Dass immerdar den Sinn Natur und Geist geleiten.
Und die Vollkommenheit ist Eines in dem Geiste,
So findet vieles sich, und aus Natur das Meiste.

d. 24 Mai 1758）

4 月　费舍尔最后一次拜访荷尔德林：

1843 年 4 月，我和另外两位神学同行布兰德乌尔（Brandauer）和奥斯特塔格（Ostertag）一起去了。我告诉荷尔德林，因为要离开图宾根，我是来向他辞行的，但他没有回应。我们不确定他是否还记得我或我以前的朋友们，因为他每次都以他惯有的冷漠态度接待我们，脸上没有任何表情似乎暗示他还记得我们以前的会面。最后一次拜访时，我问他："图书管理员先生，如果您能送我几首诗作为告别，我将非常高兴。"他回答说："遵命！我应该写希腊、春天还是时代精神？"我的朋友们低声说："时代精神！"于是我就提出了这个要求。

然后，这位永远弯腰驼背的人坐在书桌前，腰板挺得笔直，拿起纸和羽毛笔，准备写作。直到我死去的那一天，我都不会忘记他那神采奕奕的样子。他的眼睛和额头似乎在发光，仿佛从未有过任何沉重的精神困惑。他继续写着，用左手敲出每一句诗的节拍，每写完一句，他的胸口都会发出一声满意"嗯！"写完后，他把纸递给我，深深地鞠了一躬，说："请教皇陛下收下。"我握手致谢。我后来再也没有见到他。五月，我离开了图宾根，六月，他下葬了。他给我的诗句是这样的，后来被一位狂热的收藏家拿走了：

时代精神

人来到这个世界上就是为了生活，
他们就像岁月，就像年龄，时代在不断进步，
变化万千，真理依旧如故，
永生源自岁月的积聚；
因此，完美凝聚于生命之中，
它塑造了人们最崇高的鹄的。

1748年5月24日
您谦卑恭顺的仆人
斯卡达内利

（Der Zeitgeist

Die Menschen finden sich in dieser Welt zum Leben,
Wie Jahre sind, wie Zeiten höher streben,
So wie de Wechsel ist, ist übrig vieles Wahre,
Dass Dauer kommt in die verschiednen Jahre;
Vollkommenheit vereint sich so in diesem Leben,

Dass diesem sich bequemt der Menschen edles Streben.

d. 24 Mai 1748

Mit Unterthänigkeit

Scardanelli）

6月初 荷尔德林写下了据说是他的最后一首诗：

风景

当一个人的居住生活走向远方，
远处，葡萄园的季节熠熠生辉，
夏日空旷的田野也尽收眼底，
浮现了树林和它们幽暗的面容。
大自然完成了岁月的形象，
当时光飞逝，一页页翻过时，大自然仍在徘徊，
这是纯粹的完美，是上天的光辉
人也是如此，就像树冠上盛开的花朵。

1748 年 5 月 24 日

您卑微而顺从的仆人

斯卡达内利

(Die Aussicht

Wenn in die Ferne geht der Menschen wohnend Leben,

Wo in die Ferne sich erglänzt die Zeit der Reben

Ist auch dabei des Sommers leer Gefilde,

Der Wald erscheint mit seinem dunklen Bilde;

Dass die Natur ergänzt das Bild der Zeiten,

Dass die verweilt, sie schnell vorübergleiten,

Ist aus volkommenheit, des Himmels Höhe glänzet

Dem Menschen dann, wie Bäume Blüht' umkränzet.

d. 24 Mai 1748

Mit Unterthänigkeit

Scardanelli)

6月7日　洛特·齐默尔写信给卡尔·戈克：

尊敬的议员先生：

我诚挚地向您通报您敬爱的兄弟去世的噩耗。他这几天一直咳嗽，痰很多。我们发现他身体特别虚弱，于是我带他去看了格梅林医生，医生给他开了一些药。那天晚上，他又弹起了钢琴，并在我们的房间里吃了晚饭，晚上他上床睡觉了，但后来他起来告诉我，他太焦虑了，不想躺在床上。我和他谈了谈，并陪在他身边，几分钟后，他又吃了一些药，但他仍然越来越焦虑。另一位住在我们家的客人也在他身边，而另一位被他的骚动惊醒的客人就在我身边，他就这样轻轻地、平静地死去了，没有任何痛苦。我母亲也在他身边，我们都没有想到他会死得这么快。我们现在悲痛欲绝，欲哭无泪，但我们必须千百次地感谢我们的天父，因为他没有受苦；很少有人能像你亲爱的哥哥那样平静地死去。

施瓦布在他的传记中对荷尔德林的死作了如下描述：

一天晚上，他突然感到身体不适。他走到敞开的窗前，久久地凝视着美丽的圆月，这似乎让他平静下来，但同时他的疲惫感也在增加，于是他上床睡觉。在这里，他立刻感觉到了死亡的临近……

图宾格斯蒂夫特教堂的登记簿上记载了以下细节：

弗里德里希·荷尔德林，图书管理员，诗人，疯了（mente absens）约四十年。

父亲：海因里希·弗里德·荷尔德林，枢密使

母亲：约翰娜·克里斯蒂安娜·海恩

出生日期和年龄：1770年3月29日，73岁
疾病：肺麻痹
死亡和下葬日期：6月7日晚10时45分和
6月10日上午10时

6月11日　格梅林写信给卡尔·戈克：

我认为检查尸体对他的朋友们非常重要，希望能听到您的意见；但由于没有收到答复，我在我儿子和拉普医生在场的情况下进行了尸体解剖，得出了有趣的结果。大脑完美无瑕，形态良好，甚至完全健全，只有一个空腔例外：隔脑室因进水而明显增大；脑壁变厚变硬，尤其是胼胝体、穹窿和侧壁。由于脑部没有其他异常，这必须被视为他四十年病痛的原因，因为这无疑对大脑最宝贵的部分造成了压力。

我们发现他的两个肺部都充满了水，这也是他死亡的原因，与大多数胸膜水肿病例相反，他的死亡来得非常快，也非常突然。

我们要感谢上帝，他以如此温和、毫无痛楚的方式召唤这位已故的朝圣者回归天国。

注：葬礼非常隆重，许多学生也参加了葬礼。

6 月 10 日 荷尔德林于上午 10 点在图宾根公墓下葬。住在齐默尔家的学生抬着棺材，后面跟着大约一百名学生。施瓦布写道："那些曾经与他亲近的人，同时也是致悼词的人，像悼念兄弟一样悼念他……一个巨大的月桂花冠带在他的头上……棺椁甫一放下，乌云密布的天空就放晴了，阳光洒在敞开的墓穴上，显得格外亲切。"教授们都没有出席。乌兰特和古斯塔夫·施瓦布也都没有出席，虽然死者的兄弟姐妹也没有出席，但他们从诗人那里继承了 12259 古尔登。

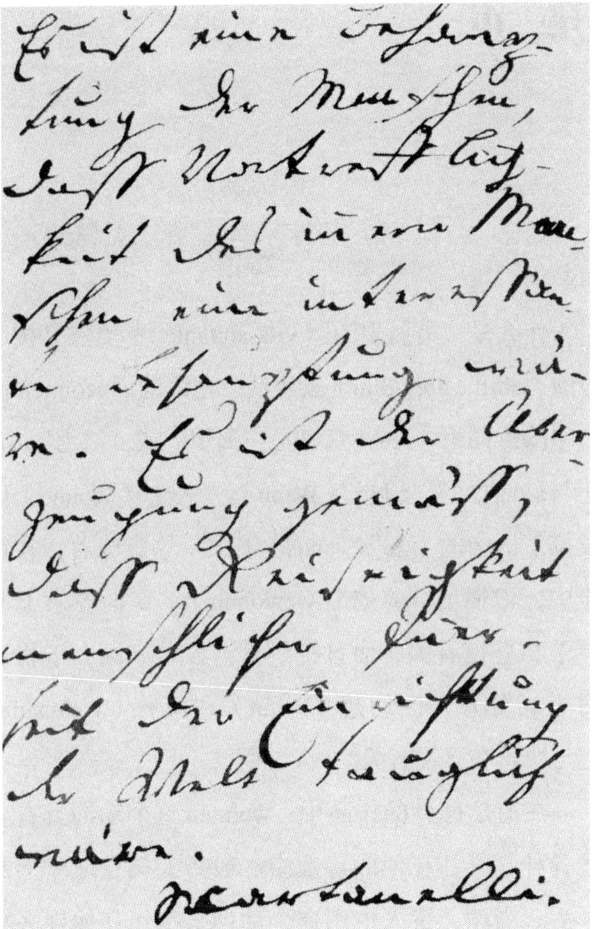

图 16　署名“Scardanelli”的文本细节

尾　声

什么是“寓居生活”（vita abitante）？当然是按照习惯（abiti e abitudini）去生活。德语动词 wohnen 源自印欧语词根 *ven，意思是“渴望”或“努力”。它还与德语中的“幻想”（Wahn）、“喜悦”（Wonne）以及拉丁语中的“爱”（venus）有关。这意味着，在德语中，习惯的“养成”（Gewohnheit）在词源学上与快乐和喜悦有关，而且，尽管语言学家倾向于将这两个词分开，但幻想（Wahn）和疯狂（Wahnsinn）也与快乐和喜悦有关。

在荷尔德林的作品中，wohnen 这个动词具有上述各种含义，在他的诗歌中一般指人类在地球上的生活。当然，诗人也用这个动词来指代其他许多寓居或栖居的事物——星星［《和平》（*Der Frieden*），第 54—55 行："因为他们永远寓居于以太之中 / 绽放的星星"（Denn ewig wohnen sie, des Aethers / Blühende Sterne）]、老鹰 [《帕特莫斯》，第 5—6 行："栖息在黑夜里 / 老鹰"（Im Finstern wohnen / die Adler）]、美人 [《希腊之地》，第三版，第 43—44 行："那种美，实际上栖息在大地之上"（Daß lieber auf Erden / Die Schönheit wohnt）] 和上帝 [《归乡》（*Heimkunft*）第二首，第 3—4 行："纯洁、可颂的上帝 / 寓居于更高的光之上"（Und noch höher hinauf wohnt über dem Lichte der reine / Seelige Gott）]，仅举几例，但这恰恰使它们更接近人类的寓居之地。荷尔德林的一个短语——魏布林格曾在他的《斐埃多翁》中提到抄录了这个短语，海德格尔也对其进行了详尽的评论——出现在诗歌《在柔媚的湛蓝中》（*In lieblicher Bläue*），毫无保留地指出"人，诗意地栖居在大地上"（dichterisch, wohnet der Mensch auf dieser Erde）。这句话很可能是有意呼应路德派《圣经》（《约翰福音》1:14）中的一段话："道成了肉身，住在我们中间。"（das Wort ward Fleisch und wohnte unter uns）上帝道成肉身，以人的身份寓居于人类中间，参与了寓居这一基本事实。

若我们将德语的 wohnen 翻译成拉丁语，可以得到动词 habito——意大利语的 abitare 和英语的 to inhabit 都源自这个动词——habeo 的反复型（frequentative form），即“有”。反复型表示重复和加强的动作。它们是通过在上位动词词干上添加后缀 -ito 而形成的，即动词的一个词性（或语态），在这个词性中，意义的表达与时态和语态无关。引用埃米尔·本维尼斯特（Émile Benveniste）的说法，supine 一词“类似于一个无忧无虑的人躺着的姿态（拉丁语 supinus 翻译为希腊语 yptios，意为‘仰卧’）”①。因此，“居住”（或“寓居”）生活是一种反复而集中地“有”某种存在方式的生活，即如前所述，一种按照风俗习惯生活的生活。但是，是什么样的连续性和联系将重复的、习惯性的行为联系在

① Émile Benveniste, “Supinum”, *Revue philologique* 58 (1932): 136–37; 也可以参看 Benveniste, *Noms d’agent et noms d’action en indoeuropéen* (Paris: Maisonneuve, 1948), pp. 100–101。

一起呢？从拉丁文词干的最后一种形式来看，“习惯型”生活就是一种相对自身和整个存在而言具有特殊连续性和凝聚力的生活（施米特认为，“习惯性”指的是“一种与其他事物的关系更弱、更疏远的生活”）。我们需要把握的正是生活中这种特殊的连续性模式。

当人们谈论习惯时，什么是行为方式或语法情态？晚期拉丁语语法学家夏里修斯（Charisius）将动词分为三类：主动型，即主语做某事；被动型，即主语经历某事；第三类，他称为习惯型（habitivum），即主动和被动主语是同一个，似乎“某事发生或存在本身（per se quid fieri aut esse）”①。另一位语法学家法卡斯（Phocas）继承了夏里修斯的遗产，使用动词 gaudeo（我享受）、solco（我通常）和 fio（我成为）讨论了第三种类型——希腊人称为“中性词”——并告诉我们有些人称这些动词为 supine。这就清楚了为什么夏里修斯称它们为习

① Karl Barwick (ed.), *Flavii Sosipatri Charisii Artis grammaticae libri V.* (Leipzig: Teubner, 1925), pp. 211—212.

惯型，而其他人称它们为supine：就像亚里士多德的 hexis（习惯）一样，这些词表示一种状态、过程或倾向（diathesis），它不是一个决定、一个故意行为的结果，也不仅仅是外部行为的结果。相反，在这种情况下，主体存在于过程之中：它是动词所表示的事件的发生地，它的行为取决于它自身的经历——它就像“一个无忧无虑的人，躺着”一样躺平。这就解释了为什么当代语言学家谈论“情动”（Affiziertheit）或affectedness，在这种情况下，主体受到一个过程的决定性影响，而在这个过程中，它既不是主动的行为者，也不是被动的受动者——或者说，实际上两者都是，因为它受到了自身的影响［希腊语语法学家使用synemptosis一词，指的是“融合”（syncretism）或“并为一谈”（falling together）］。圣格雷戈里大帝（Saint Gregory the Great）曾用secum habitare（“与自己同住”或“寓居于自己之中”）一词来描述修道创始人之一、努西亚的圣本笃（Saint Benedict of Nursia.）的生活。从这个意义上说，每一种“居住”——作为名词和动词——都是一种“寓居”(secum habitare), 是一种在以某种方式居住在某个地方的行为并通过这种行为而受到自身影响的概念。人不能成为自己或拥有自己，他们只能居住在自己的地方。

值得注意的是，创造了“情动”(Affiziertheit) 一词的语言学家贝特霍尔德·德尔布吕克(Berthold Delbrück) 将“发疯”(mainomai) 与“高兴” 和“羞愧” 一起列入了他的举例范围。① 发疯(如同出生，希腊语 gignomai，拉丁语 nascor) 是一个典型的“习惯型” 动词，正是这第三类动作定义了习惯型及其特殊的连贯性。

荷尔德林在《评俄狄浦斯》(*Remarks on Oedipus*) 一文的结尾，对神性与人性之间的关系提出了质疑，他对由此产生的人类状况作了如下描述：“在痛苦的最极端极限，除了时间和空间的条件之外，确实别无其他。”(In der äußersten Grenze des Leidens bestehet nämlich nichts mehr, als die Bedingungen der Zeit oder

① 参看 Berthold Delbrück, *Vergleichende Syntax der indogermanischen Sprache,* vol. 2 (Strasbourg: Trübner, 1897), p. 422。

des Raums）① 这显然是在引用康德关于时间和空间作为感性条件的概念，但席勒在《审美教育书简》中的一段话对这一概念进行了中介，席勒试图定义人类精神的一个阶段，他称为“单纯的确定性”（bloße Bestimmbarkeit）。他在“书简十九”中写道：

> 在感官印象给人以规定前，人的精神状态是一种无边的可规定性。无穷的空间和时间供人的想象力自由使用（zu freien Gebrauch），而且因为前提是在这个可能性的广阔领域中没有任何固定的东西，所以也就无须排除任何东西，我们可以把这种无规定状态（Bestimmungslosigkeit）称为空的无限（eine leere Unendlichkeit），但绝不可把这同无限的空混为一谈。②

① Friedrich Hölderlin, “Übersetzungen” in *Sämtliche Werke,* vol. 5 (Kleine Stuttgarter Ausgabe, F. Beissner ed.) (Stuttgart: Kohlhammer, 1954), p. 220.

② 此处席勒的《审美教育书简》中译，引自［德］席勒，《审美教育书简》，冯至、范大灿译，上海人民出版社 2022 年版，第 154 页。

席勒认为，这一阶段的被动性在某种程度上是主动的［“这种有限的精神只有通过承受才会变成能力（durch Leiden）”[①]］。此外，在随后的书简中，它被定义为“自发的承受”（Leiden mit Selbsttätigkeit）：“为了把自发的承受调换成自主的承受，把被动的规定调换成主动的规定，人必须暂时摆脱一切规定，经历一种纯粹的可规定性状态（einen Zustand der bloßen Bestimmbarkeit）。”[②]

荷尔德林试图构想和生活的寓所或“习惯”的生活，正是在“痛苦的极致”中觅得的，正如席勒所言，“在那里，除了时间和空间的条件之外，实际上什么也没有剩下”，这种“单纯的确定性”与席勒的同时代人缅·德比兰（Maine de Biran）所说的“纯粹情动的状态”（état purement affectif）十分相似。后者在《论思想分析笔录》（*Mémoire sur la décomposition de la pensée*）中将其定义为“一种独

① ［德］席勒，《审美教育书简》，冯至、范大灿译，上海人民出版社 2022 年版，第 158 页。
② ［德］席勒，《审美教育书简》，冯至、范大灿译，上海人民出版社 2022 年版，第 166 页。

特的承受关系”，这种关系超越了所有有意识的感知，“可以构成……一种非个人的存在样态”①，然而，他认为这种纯粹的情动状态是“一种主动而完整的存在样态”②。因此，习惯生活是一种情动或“可情动”（affectibility）的状态，即使它接受了情动，也仍然是这种状态；它不是将情动转化为有意识的感知，而是让它们进入一种高阶的统一性，这种同一性不属于任何拥有身份的主体。因此，在荷尔德林看来，自我（即主我或本我）不可能像费希特和早期谢林的作品那样，以绝对主体的形式存在，而是必须以习惯或惯常行为这种更飘忽不定、无法占有的样态存在。

在荷尔德林的朋友和访客的描述中，他们反复提到“不连贯”（Zusammenhangs losigkeit）这一概念，即他的思想和言语中存在的不连贯或脱节现象。他说的单句本身有意义，但与后面的句子毫无关联。正如魏布林格在他的传记中写道：“荷尔德

① Maine de Biran, *Mémoire sur la décomposition de la pensée*, in *Oeuvres,* vol. 3 (F. Azouvi ed.) (Paris: Vrin, 1988), p. 389.

② Maine de Biran, *Mémoire sur la décomposition de la pensée*, in *Oeuvres,* vol. 3 (F. Azouvi ed.) (Paris: Vrin, 1988), p. 370.

林已经无法集中精力思考一个问题，澄清它，阐述它，将它与其他类似的想法联系起来，并将其连接成连贯的句子，即使是那些看起来彼此毫无关联的想法，也被他连贯地连接起来。”他的诗歌从某一阶段开始也是如此：正如雅各布森和阿多诺所指出的——冯·海林格拉特（von Hellingrath）前面提到的“坚定的天意”（harte Fügung）概念中已经隐含了这一点——荷尔德林晚期作品的特点是极度随意拼凑（parataxis），并故意不使用任何句法上的协调。此外，哈马赫（Hamacher）还评论了荷尔德林晚期作品中的合成句式——除了停顿之外，句子之间还相互嵌入。① 可以说，这种缺乏联系的情况，逐渐成为荷尔德林诗歌创作的原则。赞美诗和晚年的格律诗都是如此——赞美诗中单一的、醒目的启示性诗句比比皆是，它们之间没有任何明显的联系；在他晚年的格律诗中，自然界的景象俯拾皆是，连绵不

① Werner Hamacher, *Two Studies of Friedrich Hölderlin* (Peter Fenves and Julia Ng eds; Julia Ng and Anthony Curtis Adler trans) (Stanford, CA: Stanford University Press, 2020), p. 41.

绝，这些诗句却又看起来不那么连贯一致。

1799 年的一个断篇——也许是为《伊杜娜》（*Iduna*）杂志而写，但一直未出版——证明荷尔德林实际上已经有意识地努力超越词句之间“单纯的逻辑联系”。正如词序可以在句子中颠倒一样，他写道：

> 句子本身的颠倒会产生更广泛、更强烈的效果。当然，主句（Grund）之后是生成成句（Werden），成句之后是目的句（Ziel），目的句之后是结尾句（Zweck），而从句（Nebensätze）总是只与主句相连，因为它们首先指向主句。①

这些十分明显的哲学术语（Grund, Werden, Zweck②）表明，这里所阐述的诗学原则也是一个逻

① Friedrich Hölderlin, “Der Tod des Empedokles. Aufsätze” in *Sämtliche Werke*, Kleine Stuttgarter Ausgabe,vol. 4 (F. Beissner ed.) (Stuttgart: Kohlhanuner, 1962), p. 243.

② 这些词在哲学上也意味着根基、生成和目的，所以阿甘本这里强调这些语法词汇也是哲学词汇。——中译注

辑学和本体论原则，就好像荷尔德林试图阐明另一种——严格意义上的——连接思想的逻辑方式。无论如何，有两点是显而易见的：第一，纯粹的句法—语法概念无法充分说明拼凑现象的复杂性；第二，荷尔德林认为问题的关键不仅仅是缺乏连贯性或联系（Zusammenhangslosigkeit），而是一种更高形式的内聚性，他称为“无限联系”（unendlicher Zusammenhang），甚至“无限统一”（unendliche Einheit）。

阅读荷尔德林未完成的长篇论文《论诗之精神的行进方式》（*On the Operations of the Poetic Spirit*），就会发现他是如何执着地回到这一问题上的：它被阐释为“和谐统一”（harmonische Einigkeit）与“和谐交替”（harmonische Wechsel）之间的关系——诗之精神的统一性和同一性，与诗之精神所采用的对立的多元性之间的关系。在这种分裂中，诗之精神有可能失去其统一性和整体性，变成空的无限的独立瞬间：

如果它准备好，如果它的事业既不缺乏和谐的统一，也不缺乏意义和精力，既不缺少和谐的精神，也不缺少和谐的转化，那么，这就是必然的，如果统一体（就其本身而言）不会将自己扬弃为某种不可细分之物（Ununterscheidbares），那么就会变成空洞的无限（leeren Unendlichkeit），或者在对立面的转换中丧失其同一性，那么无论这些对立面如何和谐，统一也不再是任何整体和统一，而是瓦解于相互隔绝的因素的无限性（仿佛一个原子序列）——我说：这是必然的，在统一性和和谐进程中的诗之精神在事业中也给自己一个无限的视角，一种统一，这里在和谐的进程和转化中万物前行和返回，通过与这种统一的始终如一的具有特性的关系，在对立面转化中不仅赢得客观的联系，而且为观察者赢得感觉到的和可感觉的联系和同一性（Zusammenhang und Identität），这是它最后的任务，在和谐的转化中有一根线索，一种回忆，以便精神永远不在特定的单个因素中，也不在

> 任一单个因素中，而是在一个又一个因素中连续地并且在不同氛围中保持为自身当下的现实，正如它在那无限的统一中是自身的完整现实，这一统一曾是统一者作为统一者的分歧点，但随后也是统一者作为对立者的结合点，最终同时是两者，于是，在统一中和谐的对立者既非作为统一者而对峙，也非作为对立者而统一，而是合二为一，作为统一的对立者被感觉是不可分割的，作为被感觉者而被创造。①

在这段几乎让人屏住呼吸来阅读的文字中，荷尔德林努力完成了一项相当崇高的任务——那就是确定两个对立面（诗之精神似乎分裂成的统一性和对立者）如何可能重合。这不能按照黑格尔的模式，通过综合来辩证地解决，而是按照本雅明的停顿（Stillstand）的辩证法，这两个实例如何重合，同时又保持不可分割，荷尔德林总结道："因

① 此处中译参考了［德］荷尔德林，《荷尔德林文集》，戴晖译，商务印书馆 1999 年版，第 227 页。

此，诗歌的秉性决不是被统一的事物的单纯对立，也决不是对立和变化的事物的单纯关系或统一；对立和统一的事物是不可分割的（unzertrennlich）。”①正如他在《判断与存在》（*Urteil und Sein*）一文中所说，这首先是一个通过反思来中和费希特对立面的调和的问题，这一点在几行之后得到了明确的阐述：“如果统一与对立在其中是不可分割地联系在一起的，那么它在反思中就既不是可对立的统一（entgegensetzbares Einiges），也不是可统一的对立（vereinbares Entgegengesetzes），因而根本不可能出现，或者只能以一种肯定性的空的性质出现，一种无限的停顿（unendlichen Stillstands）。”②

荷尔德林在上述文章［即《凝聚力与同一性：无限的，有生命力的统一体》（*Zusammenhang und Identität，unendlich einiger und lebendiger Einheit*）］

① Friedrich Hölderlin, “Der Tod des Empedokles. Aufsätze” in *Sämtliche Werke*, Kleine Stuttgarter Ausgabe,vol. 4 (F. Beissner ed.) (Stuttgart: Kohlhanuner, 1962), p. 262.

② Friedrich Hölderlin, “Der Tod des Empedokles. Aufsätze” in *Sämtliche Werke*, Kleine Stuttgarter Ausgabe,vol. 4 (F. Beissner ed.) (Stuttgart: Kohlhanuner, 1962), p. 263.

和其他文章中使用的表达方式表明，这里涉及的是连续性和联系的另一个方面。在《论宗教》一文中，“更高和更无限的凝聚力”（höherer und unendlicher Zusammenhang）是一个问题，而在他评论品达的片段《无限》（*Das Unendliche*）中，我们读到两个概念“无限……关联”（unendlich ... zusammehängen）“在一种连续的关系中”（durchgängiger Beziehung）。① 值得注意的是，荷尔德林多次使用了“更无限”这一限定词，似乎在自相矛盾地对比两种形式的无限，一种是“有生命力的无限”，另一种是“空洞的无限”（leere Unendlichkeit）和“死的和致命的统一体”（tote und tötende Einheit）。荷尔德林将空洞的无限定义为由无限的独立元素组成，类似于“原子序列”，然后将其与另一个“完整”和“统一”的无限进行对比，这似乎预示了康托尔定理。康托尔注意到连续统（continuum）是无法计数的——实数是比整数

① Friedrich Hölderlin, “Übersetzungen”, in *Sämtliche Werke*, vol. 5, Kleine Stuttgarter Ausgabe (F. Beissner ed.) (Stuttgart: Kohlhatnmer, 1954), p. 311.

更大的无穷大——因此区分了无限集和无穷集，并指出“连续统的基数值与整数的幂集的基数值相等，严格来说大于整数的基数值”。在荷尔德林的连续统中，就像在康托尔的连续统中一样，元素之间无限关联，不可能在它们之间插入另一个元素：分离与统一、对立与同一完全重合，也就是说，它们落在了一起。

这种不可计数的连续统既决定了荷尔德林的寓居生活，也决定了他晚期诗歌夸张的拼凑风格。生活中的各个时刻之间并不协调，诗人互不关联的思想和诗句之间也不协调，因为它们“更无限地联系在一起”——不是根据任何“逻辑安排”，而是在停顿状态中凝聚并置。“但”（aber）经常标志着诗歌中的这种停顿，它并不是对抗性的，它并不表示对立，因为对立只是另一种形式的协调：它只是标志着诗行和思想之间的僵局，这些诗行和思想彼此相随，不允许在一个与下一个之间插入任何逻辑协调的可能性。正如冯·海林格拉特（von Hellingrath）在谈到“僵化结构”（rigid construction）时所指出的，这里的决定性因素不是命题的有序语义论述，而是句子，甚至是无语义的孤立的单个词。荷尔德林在《评俄狄浦斯》一文中提出的“停顿”（caesura）理论，正是从这种中断或停滞的辩证法的角度来解读的。荷尔德林写道：“在确定悲剧性词语运动的表象节奏序列中，有必要出现诗歌格律中所谓的停顿（cesura），即纯粹的词语，反节奏的断裂；也就是说，为了在最高点迎接汹涌而来的表征变化，以至于很快出现的不是表征上的变化，而是表征本身的变化。”① 因此，并列的意图在停顿处达到高潮，而在这种反节奏中断中浮现的不是表象话语的语义流，而是语言本身。正因如此，荷尔德林将停顿——话语的中断——定义为“纯粹的话语”（das reine Wort）——一个离心化的位置，在那个位置上出现的不是语言之内的话语，而是语言本身。

在某种意义上，这恰恰是因为晚期诗歌是停顿

① Friedrich Hölderlin, “Übersetzungen”, in *Sämtliche Werke*, vol. 5, Kleine Stuttgarter Ausgabe (F. Beissner ed.) (Stuttgart: Kohlhatnmer, 1954), p. 214.

的语言块，所以让这些孤立的语词出现在我们面前时，不只有一个版本，而是多个版本。这些多元版本——正如学者们十分清楚地看到，以崇敬的外交辞令，重现特定作品的所有手稿草稿，而不是呈现单一的批评文本——并不是对某种最终形式或意义的不同处理方式，只是碰巧错失了目标。相反，它们是诗歌自身的“变体”——诗歌只能存在于潜在的无限运动中，与自身背道而驰，同时又转向自身。如果说诗歌的“诗句”——从词源学上讲，来自拉丁语 versare，即“转向”——是一种“转向”的语言，通过背离自身而回归自身，那么荷尔德林晚期的作品则将诗歌语言的“转向”推向了极致。这不仅适用于赞美诗，而且也适用于塔中之诗。后者往往是诗人向他的访客讽刺性地提出的主题的变奏——“我应该写希腊、春天还是时代精神？”——因此那些诗歌显得相当重复，我们完全可以理解这一点。在这些诗中，荷尔德林试图捕捉习惯的感觉，就像在生活中一样；因此可以说，这些诗也是“栖居之诗”“寓居之诗”。这也解释了他在《评俄狄浦斯》中的神秘的告诫："现代诗歌……缺乏对生活的体验：现代诗歌……尤其缺乏训练和工匠精神，即它的运作方式是可以计算和传授的，而且一旦学会，总是能够在实践中不断地重复。"①

这就是我们必须思考荷尔德林从某个时期开始为自己使用的许多不同化名的特殊背景：斯卡达内利、基拉鲁斯梅诺（Killalusimeno）、斯卡利格·罗萨（Scaliger Rosa）、萨尔瓦托·罗萨（Salvator Rosa）、布奥纳罗蒂（Buonarroti）、罗塞蒂（Rosetti）。关于斯卡达内利这个名字，人们提出了多种解释，但没有一种完全令人信服。但我们可以肯定的是，荷尔德林在他的诗作中首先使用的是斯卡达内利：据施瓦布回忆，当荷尔德林被要求在他给他的诗作下签名时，恼羞成怒的诗人大喊："我的名字是斯卡达内利"；菲舍尔给荷尔德林看了他的诗集第二版，他被告知："是的，这些诗是真的，是我的，但名字错了，我从

① Friedrich Hölderlin, "Übersetzungen", in *Sämtliche Werke*, vol. 5, Kleine Stuttgarter Ausgabe (F. Beissner ed.) (Stuttgart: Kohlhatnmer, 1954), p. 213.

来不叫荷尔德林，我的名字是斯卡达内利或斯卡利格·罗萨”（在这篇记述的后一版本中——参见1843年年表中引用的段落——菲舍尔更改为：“我一生中从未被称为荷尔德林，我的名字是斯卡达内利或斯卡利格·罗萨……”）。但据古斯塔夫·施莱谢尔（Gustav Schlesier）报告，早在1837年，他就在荷尔德林的家中发现了署名斯卡达内利的诗作：“他脑子里想的是，他的名字不再是荷尔德林，而是斯卡达内利，甚至是布奥纳罗蒂。”

正如雅各布森所说，斯卡达内利和荷尔德林都是缩写，两个名字几乎包含相同的字母，只是顺序不同：- lderlin / - rdanelli。萨特勒在斯卡塔内利一词中看到了希腊文 katharsis 的变位，却忘记了——正如斯塔罗宾斯基在索绪尔诗句中读出的变位所示——任何名字都可以用变位来解读，尤其是在变位并不完美的情况下。迈克尔·克瑙普（Michael Knaupp）在斯卡利格·罗萨（Scaliger Rosa）中读出了一个更加武断的变位词：Sacrileg'ossa（“亵渎的骨头”），他同样武断地将其解释为承认荷尔德林对苏塞特·冈塔德的死负有责任。① 克瑙普随后提出的斯卡塔内利与希腊语动词 skardamysso（眨眼或眨眼睛）之间的相似性更为可信，因为该词出现在欧里庇得斯的《独眼巨人》中（荷尔德林的个人图书馆藏有欧里庇得斯的作品）。许多其他学者也注意到了斯卡塔内利与吉罗拉莫·卡尔达诺（Girolamo Cardano）这个名字的相似之处；至于斯卡利格（Scaliger）这个名字，可能指的是朱利奥·恺撒·斯卡利格罗（Giulio Cesare Scaligero），他是意大利的一位人文学者和语言学家，荷尔德林对他的作品肯定很熟悉，尤其是斯卡利格罗写过一篇著名的对卡达诺的《论微妙》(*De subtilitate*）一书的评论（Frankfurt 1607；传说卡达诺在阅读斯卡利格罗的书时心碎而死）。但是，这些或任何其他可能的并置都不意味着任何巧合，就像 1831 年，齐默尔家的住客中恰好有一个叫弗拉西内利的学生一样，这完全是巧合。

另一方面，最关键的是，每当荷尔德林被迫宣

① Michael Knaupp, “Scaliger Rosa”, *Hölderlin Jahrbuch* 25 (1986—1987): 266.

称自己的作者身份时，这些天方夜谭般的名字就会出现。想想他所谓的声明："是的，这些诗是真的，是我的，但名字错了……"（请注意，菲舍尔在后来的更正中将后半句引述为"但标题是错的"），后面跟着的不只是一个名字，而是三个不同的名字。在这里，作者的身份并没有被割裂和篡改；他并没有说"不是我写的，是别人写的"，而这正是被诊断出患有精神分裂症的人经常说的话。正如路易吉·雷塔尼（Luigi Reitani）正确指出的那样，这并不是荷尔德林有意无意地换了一个新身份的问题；唯一有问题的是他的名字，他的名字出现了不同的版本，但都奇怪地与一个外国的意大利名字联系在一起。① 我想到了亚里士多德对喜剧与悲剧人名的比较——他在《诗学》（1451b, 19—20）中指出，喜剧诗人在构思故事后，会随意引入人名，而悲剧通常重复真实的历史人名。悲剧作品中出现的名字通常都是独一无二、不可更改的，因为它们往往表达

① Luigi Reitani (ed.), *Hölderlin. Tutte le opere* (vol. 1: *Tutte le liriche*; vol. 2: *Prose, teatro e lettere*) (Milan: Mondadori, 2001), p. 81.

了人物与其行为之间命中注定的联系；而喜剧作品中的名字则与人物的命运或缺陷无关，因此是随机的——它们也往往只是绰号，而不是真实、正式的名字。此外，荷尔德林晚期的诗歌有多个版本，但这并不影响其“无限的凝聚力”或“无限的统一体”，他的名字亦是如此。

anacoluthon 是一个希腊语术语，指逻辑上不连贯的措辞，字面意思是“不遵循”，表示“没有顺序”或“断开”的句子。从这个意义上说，荷尔德林躲在塔楼里写的所有东西都是 anacoluthon。不过，荷尔德林在句法语法断开的基础上又增加了另一种断开，这种断开最好被视为戏剧上的断开。在古希腊喜剧（特别是阿提卡喜剧）中，当主要演员离开舞台后，合唱团会走向前台，进入 logeion（字面意思是“说话的地方”），在那里他们会摘下面具，直接对观众说话。这一时刻被称为 parekbasis（字面意思是“隔壁出口”），弗里德里希·施莱格尔曾详细论述过这一现象，英语通常将其翻译为“离题话”（digression, 沿用希腊语的拉丁语谐音）。施莱格尔认为这不仅是古代喜剧最典型的一面，也是浪漫主义文学的标志：

> 古代雅典喜剧的形式与悲剧十分相似。与悲剧一样，它也有合唱、戏剧对话和独白。唯一的区别在于parekbasis，即在戏剧中间，合唱团以诗人的名义直接向观众致辞。事实上，这完全是戏剧的中断和休演（eine gänzliche Unterbrechung und Aufhebung），其中……最不受约束的是合唱团，他们走到舞台边缘，对观众说着最粗俗的话。这个词就来源于这种“走出来”（ekbasis）。①

施莱格尔认为，拼凑（parekbasis）让作家跳出论题与反题的辩证关系，最终将其重新组合为一种反思性的综合，并讽刺性地揭露了两种元素不可调和的分离。由此产生的作品本身并不是一种形

---

① Schlegel, *Kritische Ausgabe*, vol. 2, p. 88.

式，而是一首“最高的反形式或自然诗”（die höchste Antiform oder Naturpoesie）[1]。作为一名作家，他并不试图建立一个统一的、完整的诗人概念；相反，他揭示了诗人的所有构成要素和喜剧式的分裂——诗人是分裂的人格。站在他自己的私人访客面前，他不断地进入和退出诗人的角色，以至于在任何一次访问中，人们都无法确定他是否处于角色之中。这将浪漫主义的反讽推向了极致，同时也将其归于平淡，以至于我们永远无法知道究竟是谁在问：“我应该写希腊、春天还是时代精神？”

这首诗的“转向”（versive）姿态也是从异域转向本土（或民族）（vaterländischer Umkehr），这也是荷尔德林最外层思想的核心意图，这在他给博伦多尔夫的信以及《评安提戈涅》一文中显而易见。由于“原初”只能在虚弱的状态下出现，因此它只能通过首先涉足异域的往返旅程来实现。人们只能转

① Werner Hamacher, *Two Studies of Friedrich Hölderlin* (Peter Fenves and Julia Ng eds; Julia Ng and Anthony Curtis Adler trans) (Stanford, CA: Stanford University Press, 2020), p.223.

向原点——回到原初，但却从未去过那里。自由使用适当的东西是最困难的事情，因为我们与生俱来的东西并不是可以一劳永逸地拥有的，它是一种既定的东西；它只能作为软弱和匮乏来体验。正如亚里士多德在《形而上学》中给“习惯”（hexis）下的定义，荷尔德林很可能知道：习惯（hexis）源于拥有（echein）——字面意思是“拥有”的行为或状态，正如“存在”（being）一词源于“去存在”（to be），或者，举个拉丁文的例子，动词 esse（存在）导致了 essentia（本质，也是“存在”）的类比形式。亚里士多德使用：“习惯”首先是针对剥夺而言的，是指在任何情况下都不可能拥有的东西（“在这个意义上，不可能有‘拥有’（echein hexin）；因为如果我们能够拥有我们所拥有的东西，就会有一个无限的系列”——《形而上学》1022b, 25）。换句话说，只有在“习惯”的意义上，只有通过对寓居地和习惯的剥夺，才有可能拥有一个人的源点：它不可能被拥有，一个人只能适应它、熟悉它、习惯它。归根结底，“拥有”只是一种存在方式或样态，一种生活形式。

在一本关于印欧语的优秀著作中，埃米尔·本维尼斯特区分了表示动作的名词的两种构成方式：一方面是表示态度或可能性的名词（在印度—波斯语中以 - tu 结尾，在希腊语中以 - tys 结尾，在拉丁语中以 - tus 结尾），另一方面是表示已执行的动作的名词（在印度—波斯语中以 - ti 结尾，在希腊语中以 - sis 结尾，在拉丁语中以 - tio 结尾）。因此，在拉丁语中，actus 指某人或某物移动或可以移动的状态或方式，actio 指具体的动作；ductus 指牵引或可以牵引某物的方式，ductio 指牵引或牵引的动作；gestus 指一种行为方式，gestio 指动作的执行。① 同样，“通过添加后缀 - tu 而形成的 supine 表示潜能：cubitum ire，‘睡觉’，并不表示一个具体的、完成的动作，而是表示一种可能性”②。亚里士多德关于潜能或可能性（dynamis）与具体行为（energeia）之间的区别在

① Benveniste, *Noms d'agent et noms d'action en indoeuropéen* (Paris: Maisonneuve, 1948), pp. 97—98.

② Benveniste, *Noms d'agent et noms d'action en indoeuropéen* (Paris: Maisonneuve, 1948), p.100.

这些例子中很容易辨认，但进一步阐述本维尼斯特的考虑可能有助于我们更好地理解这两个范畴之间的关系。

以拉丁语中的 habitus 一词为例：作为一个以 - tus 结尾的名词，它表达的是一种态度或一种潜能——或者更确切地说，是一种能力或潜能的拥有方式，而不是其客观的行使或具体的实践（在希腊语中是 hexis；拉丁语中的 habitio 发展得相对较晚）。很显然，亚里士多德试图用 hexis 这一术语（hexis，作为一个以 -sis 结尾的名词，表达的是一种已执行的行动）来思考他的观点，作为单纯的潜能与具体行动之间的中间地带，他遇到了一个事实证明相当难以克服的挑战。语言所表达的“潜能”并不是先于实现它的行为而存在的不真实的东西：相反，它是我们能够拥有我们所做的一切的唯一途径。也就是说，我们可以“拥有”行为，只要我们认为它们对我们来说是真正的潜能：在行动被实施的那一刻，这些行动与它们的主体变得疏离开来，以至于它们必须被归属或归因（归属于它们的行动者，或实施它们的人——这就是法律和悲剧所基于的罪责概念)。

风俗或习惯(l'abito o l'abitudine)——我们试图定义的栖息、寓居的生活——中和了“潜能/活动”(dynamis/energeia)的对立，使其失去了作用。按照我们现在应该已经熟悉的荷尔德林的喜好，他们认为对立者之间是不可分割的。

1838年，当荷尔德林还住在内卡河畔的塔楼里时，曾在慕尼黑师从谢林的法国哲学家费利斯·拉瓦松(Félix Ravaisson)写了一篇题为《论习惯》(*De l'habitude*)的论文。25岁的拉瓦松用令人眼花缭乱的篇幅，将习惯视为人生的终极奥义之一，赢得了柏格森和海德格尔的钦佩。他细致入微地描述了习惯如何几乎在不知不觉中使人的意志蜕变为倾向和本能，使人的努力和意图逐渐退化，正如荷尔德林的作品一样，既被动又主动：“习惯的法则只能用自发性的发展来解释，这种自发性既主动又被动，既与机械的宿命论相对立，又与反思的自由相对立。”①

① Félix Ravaisson, *Of Habit* (Clare Carlisle and Mark Sinclair trans) (London and New York: Continuum, 2008), p. 55.

在有意识的反思和意志（我们通常认为是更高层次的人类功能）中，目的是一种尚不存在的观念，因此必须通过行动或运动来实现；而在习惯中，目的与实现目的的行动或运动相混淆，因此主体和客体变得不确定：

> 理解力所代表的运动与其目标之间的间隔逐渐缩小；区别被抹去；其观念所带来的倾向的目的更接近它，接触它，并与它融合在一起。思想的主体和客体之间没有任何隔阂，这种直接的智慧逐渐取代了穿越和测量对立者之间的间距、对立者之间的中间地带的反思。①

一种“黑暗智慧”（dark intelligence）②，在这里，不仅现实与理想重合，甚至个人的意志与天性也趋于无限重合：“因此，可以说，习惯是有差别的，或

① Félix Ravaisson, *Of Habit* (Clare Carlisle and Mark Sinclair trans) (London and New York: Continuum, 2008), p. 55.

② Félix Ravaisson, *Of Habit* (Clare Carlisle and Mark Sinclair trans) (London and New York: Continuum, 2008), p. 55.

者说，是从意志到天性的活动性的飞跃。”① 正如荷尔德林的栖居一样，在放弃了名字和身份的寓居生活中，“习惯的发展以不间断的退化方式将意识从意志引向本能，从完成的人格统一引向非人格的极端扩散”②。

拉瓦松的论述——或者可以说，这是他的哲理诗——达到了前所未有的顶峰，因为习惯竟然是理解生命最基本功能的关键：

> 最基本的存在方式，最完美的组织，就像习惯的终极时刻，在空间中以物理形式实现和证实。习惯的类比穿透了它的秘密，并将它的意义传递给我们。由此，我们可以追溯到藻类的混乱和多重生活，直到植物，甚至晶体，在最模糊的本能的模糊欲望中，思想和活动的最后一束光被驱散和消解，但还没有熄灭，远离

① Félix Ravaisson, *Of Habit* (Clare Carlisle and Mark Sinclair trans) (London and New York: Continuum, 2008), p. 59.

② Félix Ravaisson, *Of Habit* (Clare Carlisle and Mark Sinclair trans) (London and New York: Continuum, 2008), p. 65.

> 任何可能的复燃。因此，整个生命系列不过是同一原则的连续力量的不断发展，这些力量在生命形式的层次结构中彼此包围，在习惯的发展过程中向相反的方向发展。下限是必然性——也就是说命运，但却是自然的自发性；上限是理解的自由。习惯从一个降到另一个；它把这些对立面结合在一起，从而揭示出它们的亲密本质和必然联系。①

从这个角度看，即使是爱——在爱中，个人意志让位于自然和欲望——也类似于习惯，它成为我们无法理性把握的生命的终极基础、最深层的核心："它是我们内心的上帝，上帝隐藏在我们内心深处，我们无法进入其深处。"②最后，在本书本体论的最高结论中，斯宾诺莎将习惯认定为实体的本质："最后，习惯所包含的倾向与产生习惯的原则是一回事：

① Félix Ravaisson, *Of Habit* (Clare Carlisle and Mark Sinclair trans) (London and New York: Continuum, 2008), p. 67.
② Félix Ravaisson, *Of Habit* (Clare Carlisle and Mark Sinclair trans) (London and New York: Continuum, 2008), p. 71.

这是存在的原始法则和最一般的形式，是坚持构成存在的实在性的倾向。”① 这种“努力”（conatus），即每一事物坚持其存在的张力，不可能是意志的行为，也不可能是任意的决定：它只能是一种习惯，一种栖居的生活。

现在，我们可以尝试进一步澄清荷尔德林思想中的习惯、（不）习惯（或居住）与“寓居，依照习惯生活”（l’abituale, l’abitante e l’abitivo）之间的联系。荷尔德林的居住生活或栖息生活之所以是“寓居生活”，是因为它不仅仅是一系列自愿的、可归因的行为，还是一种生活形式，一种每时每刻都受到自身习惯影响的存在。正因如此，荷尔德林在某一时刻心甘情愿地接受了对自己疯癫的诊断——就像一个世纪后的瓦尔泽（Walser）所做的那样。他不仅在余生中一直保持着这一状态，甚至似乎有意在来访者面前渲染这一点。根据规定，被视为疯子的人没有任何法律行为能力，因此不需要为自己的行为

① Félix Ravaisson, *Of Habit* (Clare Carlisle and Mark Sinclair trans) (London and New York: Continuum, 2008), p. 77.

负责。伯克、策勒和埃西格一个接一个地扮演起监护人的角色，代表荷尔德林与齐默尔及其女儿、诗人的亲属和出版商进行谈判，从而控制了荷尔德林的经济状况和日常生活的细节。由此看来，不可能再有比他的存在更隐秘的事情了。然而，他固执地坚持别人称呼他为“图书管理员先生”，并给予来访者几乎只在公共场合才会使用的称谓（“殿下”“男爵先生”“教皇陛下”），在这种原本隐居的生活中引入了公共性的诉求。荷尔德林的栖居生活中和了公共与私人之间的对立，使两者不谋而合，处于一种停滞、僵持的状态。从这个意义上说，他的“寓居生活”既不是私人的，也不是公共的，这也许是他最真实的政治和哲学遗产。在这方面，他与我们和当今社会也很接近——因为我们也不再区分这两个领域。他的一生预言了一些他那个时代的人无法想象的事情，否则就会陷入疯狂。

如果按照亚里士多德《诗学》的定义，悲剧首先意味着一个人的行为特征（“悲剧不是对人的模仿，而是对行动的模仿……人们不是为了模仿人物而行动，而是通过行动来扮演人物”，1450a, 16—22)，那么这样的生活就不是悲剧。如果说悲剧被归因于行动的领域，那么喜剧则是人们似乎对自己的行为不负任何责任的领域。喜剧演员模仿自己的角色，从而放弃了对自己行为的所有责任，这些行为最终只是插科打诨和无意义的姿态，就像荷尔德林在塔楼上给来访者的礼仪性称谓一样。但是，如果说荷尔德林在某一时刻放弃了悲剧范式，这并不意味着他只是选择了喜剧。相反，他再一次中和了悲剧与喜剧之间的对立，朝着既非悲剧也非喜剧的方向前进，而我们却缺乏一个恰当的术语来描述这种对立。人类在地球上的居住既不是悲剧，也不是喜剧，它只是一种简单、日常、陈腐的居住行为，一种匿名的、非个人化的生活形式——它可以说话，可以作出姿态，但无论是话语还是行动都不能被归于它。

从这个意义上说，荷尔德林的生活构成了自己的范式，相比之下，我们文化中的绝对对立就显得不足了：主动 / 被动、喜剧 / 悲剧、公共 / 私人、理

性 / 疯狂、纯粹可能性 / 实际行动、合情 / 无理、统一 / 分离。正因为这种生活停留在一个无法确定的临界点上，所以要与之竞争或试图从中推导出一种模式并不容易。显然，成功 / 失败是最先消失的对立面——就好像失败是理所当然的，而同时，几乎就像诸神的缺席一样，它被转化为帮助，转化为一种资源。荷尔德林告诉我们的是，无论我们被创造的目的是什么，我们肯定不是为了成功而被创造的；分配给我们的命运是失败——在每一门艺术中，在每一个研究领域中，尤其是在纯粹的生活艺术中。然而，这种失败——如果我们能够理解它——正是我们所能做的最好的事情，正如荷尔德林表面上的失败完全否定了歌德的成功，剥夺了它的一切合法性。

归根结底，荷尔德林认为栖居的生活就是诗意的生活，因为“诗意地栖居在大地之上”。德语动词 dichten 在词源上源于拉丁语 dictare，即“口述”；由于古典作家习惯于向抄写员口述他们的作品，该词逐渐具有了 poetare 的含义，即“创作文学作品”。诗意的生活，诗意地栖居的生活，是一种按照口述的方式生活的生活，换句话说，是一种无法按照习惯或习俗决定或掌握的方式，是一种我们永远无法拥有，只能栖居的“有”。

近一年来，我一直与荷尔德林生活在一起，日复一日——近几个月来，我从未想过自己会与世隔绝。当我现在向他告别时，他的疯狂让我觉得，与整个社会在不知不觉中陷入的疯狂相比，他的疯狂是相当无辜的。如果我试图阐明我似乎从诗人内卡河塔楼上的寓居生活中汲取的政治教训，目前我也许“只能胡言乱语”。没有读者。只有文字，没有收信人。“诗意地栖居着究竟意味着什么?”这个问题仍在等待答案。就这样吧，就这样吧。

图 17　荷尔德林肖像，1890 年。

纽廷根荷尔德林故居藏书目录

一、希腊文和拉丁文著作

Homeri opera, graece et latine expressa, Basileae MDCCLXXIX. *Tomus I, continens Iliadem. Tomus II, Odysseam.*

Homeri Ilias graece et latine, Hauniae et Lipsiae 1786.

Hesiodus, 2 Tomi.

Pyndari Olympia, Pythia, Nemea, Isthmia, 1560.

Aeschyli Prometheus vinctus, ed. Schulz, Halae.

Sophoclis Tragoediae septem, Francofurti 1555.

Euripides, 2 Tomi.

Euripidis Resos.

Chestomathia tragica Greaeco-latina, Goettingae.

Platonis Opera, 12 Tomi.

Platonis Dialogorum Argomenta, 1 Tomus.

Aristotelis Organon, Francofurti MDXCVIII.

Aristotelis de Moribus, libri X.

Aristotelis Technae Rhetoricae, Biblia V.

Theochriti Idyllia cum Scholis Selectis, Gothae 1782.

Marci Antonini Philosophi Commentarii, Lipsiae.

Publii Terentii Aphri Comoediae sex. T. II, Biponti 1780.

M. Tullii Ciceronis De finibus bonorum et malorum.

M. Tullii Ciceronis Opera omnia, Lugduni MDL-XXXVIII.

Caesaris Commentarii, Antverpiae 1585.

Virgilii Maronis Opera cum annotationibus Minellii.

Taciti Opera 1595.

M. Annaei Lucani de bello civili, libri X.

Trogus Justinu Vratislaviae MDCLX.

Justini Historiae ad modum Minellii, in duplo.

Plutarchi opera, Tubingae MDCCXCIII, *4 Volumina.*

Plutarchs Werke, griechisch.

Palaephatus.

Marcelli Palingenii Zodiacus Vitae, Roterodami 1648.

Joh. Barclaii Argenis, Amsterdolami 1671.

Jacobi Balde Satyrica, 1660.

二、德语诗歌

Des Herrn von Justi, *Scherzhafte und Satyrische Schriften*, 3 Band, Berlin 1765.

Klopstocks Gelehrten Bibliothek, 1 Teil, Hamburg 1774.

Klopstocks Hermanns Schlacht, Reuttlingen 1777.

Klopstocks Geistliche Lieder, Reuttlingen 1780.

Klopstocks Messias, 3 Bände, Reuttlingen 1782.

Weisse's Trauerspiele, 3 Bändchen, Reuttlingen 1776.

Wieland Der neue Amadis. Ein comisches Gedicht

in 18 Gesängen 1, Carlsruhe 1777.

Wieland Musarion, *Ein Gedicht*, Reuttlingen 1780.

Poetische Schriften von Zachariä, 1, 3 und 4, Reuttlingen 1778.

Weppens, *Gedichte*, Carlsruhe 1783.

Taschenbuch für Freunde des Gesanges, Stuttgart 1795.

三、神学

Novum Testamentum graecum et latinum, Lipsiae 1575.

Novum Testamentum graecum, 1734.

Hebräischer Psalter, 1556.

Chaldaismi Biblici Fundamenta p.p., Tubingae 1770.

Compendium Theologiae Dogmaticae, Stuttgardiae 1782.

Joh. Gerh. Schellers Anleitung p.p., Halle 1783.

D. Jo. Reinhardts Christliche Moral.

Zweiter Theil von Predigten über die Sonntäglichen Episteln.

四、哲学

Franc. Baco de Verulamio Liber de sapientia veterum.

D. Humes Untersuchung über den menschlichen Verstand, Jena 1793.

Compendium Logicae, Stuttgardiae 1751.

Joh. August Eberhard, *Neue Apologie des Sokrates*, 2 Bde., Frankfurt und Leipzig 1787.

A. Eberhard, *Philosophische Magazin*, 1 Stück, Halle 1788.

F. H. Jacobi *Über die Lehre des Spinoza in Briefen an M. Mendelsohn*, Breslau 1789.

Critik der reinen Vernunft von Im. Kant, Riga 1790.

Critik der Urtheilskraft von Im. Kant, Frankfurt und Leipzig 1792.

Allgemeines Repertorium für empirische Psychologie

etc. von J.D. Mauchart, 2 Bde., Nürnberg 1792.

Grundlage des Naturrechts von Fichte, Jena 1796.

Fr.W. Jos. Schellings, *Ich als Prinzip der Philosophie*, 2 Bde., Tübingen 1795.

Ideen zu einer Philosophie der Natur von F. W. J. Schelling, Leipzig 1797.

Schleiermacher, *Uber die Religion. Reden an die Gebieldeten unter ihren Verächtern*, Berlin 1799.

Das Petitionrecht der Wirtembergischen Landstände, 1797.

五、语言学、辞典、语法书

Handbuch der klassichen Literatur von Eschenburg, Berlin und Stettin 1801.

Versuch über Pindars Leben unf Schriften von J.G. Schneider, Strasburg 1774.

Pindars Olympische Siegeshymnen von Gedike, 1777.

Dictionarium Historicum ac poëticum, MDCXV.

Garthurthius olim bilinguis jam trilinguis sive Lexicon Latino-Germanico-Graecum, Norimbergae 1658.

Dictionarium Caesareum, in quo quattuor principaliores Linguae Europae explicantur.

Jo. Augusti Ernesti Clavis Ciceroniana, Halae MDCCLXVIIII.

Danzii Compendium Grammaticae ebraeo-chaldaicae, Editio sexta, Jenae.

Ramslers Griechische Grammatik, Stuttgart 1767.

Griechisch-Deutsches Handwörterbuch zum Schulgebrauch, Leipzig bei E. B. Schwikkert 1784.

Supplemente p. zum Griechisch-deutschen Handwörterbuch, Leipzig 1788.

参考文献

关于荷尔德林生平年谱中引用的作品，请参阅《读者须知》。此处列出了所有其他参考文献。

Gustav Seibt, *Anonimo romano. Scrivere storia alle soglie del Rinascimento*, Viella, Roma 2000.

C. T. Schwab, *Hölderlin's Leben*, in *F.H.'s Sämmtliche Werke*, Stuttgart-Tübingen 1846.

Eine Vermuthung, erzählt von Moritz Hartmann, in *Freya, Illustrierte Familien-Blätter*, 1, 1861.

Norbert von Hellingrath, *Hölderlins Wahnsinn*, in Id., *Zwei Vorträge: Hölderlin und die Deutschen; Hölderlins Wahnsinn*, Bruckmann, München 1922.

Pierre Bertaux, *Friedrich Hölderlin*, Suhrkamp, Frankfurt am Main 2000.

Walter Benjamin, *Die Aufgabe des Übersetzers*, in Id. , *Gesammelte Schriften*, b. IV, 1, Suhrkamp, Frankfurt am Main 1972.

Michael Theunissen, *Pindar. Menschenlos und Wende der Zeit*, Beck, München 2000.

Felix Christen, *Eine andere Sprache*, Engeler, Schupfart, s.d.

Wolfgang Schadewaldt, *Hölderlins Übersetzung des Sophokles*, in aa.vv. *Uber Hölderlin*, Insel, Frankfurt am Main 1970.

Lawrence Venuti, *The translator invisibility. A History of translation*, Routledge, London - New York 1995.

Jochen Schmidt, in F. Hölderlin, *Sämtliche Werke*, a cura di Jochen Schmidt, b. II, Deutscher Klassiker, Frankfurt am Main 1990.

Wolgang Binder, *Hölderlin und Sophokles*, Hölderlinturm, Tübingen 1992.

Gianni Carchia, *Orfismo e tragedia*, Quodlibet, Macerata 2019.

Hannelore Hegel, *Isaac von Sinclair. Zwischen Fichte, Hölderlin und Hegel*, Klostermann, Frankfurt am Main 1971.

Hölderlin 1, *Der Tod des Empedokles. Aufsätze*, a cura di F. Beissner, Kleiner Stuttgart Ausgabe, b. IV, Kohlhammer, Stuttgart 1962.

Wilhelm Waiblinger, *F. Hölderlins Leben, Dichtung und Wahnsinn*, Leipzig, 1831; ora in F. H. *Sämtliche Werke, Kritische Textausgabe*, a cura di D.E. Sattler, b. IX, Luchterhand, Darmstadt, 1984 (trad. it.W. Waiblinger, *Hölderlin*, SE, Milano 1986).

G. W. F. Hegel, *Estetica*, Einaudi, Torino 1967.

Friedrich Schlegel, *Kritische Ausgabe,* b. II, *Charakteristiken und Kritiken*, Schöningh, München-Paderborn-Wien 1967.

Schiller 1, F. Shiller *Über naive und sentimentale Dichtung*, in F. S. *Sämtliche Werke*, b. V, Hanser, München 1962.

Stephan Kraft, *Zum Ende der Komödie. Eine*

Theoriengeschichte des Happyends, Wallstein, Göttingen 2012.

Mariagrazia Portera, *Poesia vivente. Una lettura di Hölderlin*, Aesthetica Preprint, Supplementa, Palermo 2010.

Hölderlin 2, F. H. *Übersetzungen*, b. V, Kleiner Stuttgart Ausgabe, Kohlhammer, Stuttgart 1954.

Emil Staiger, *Grundbegriffe der Poetik*, Atlantis Verlag, Zurich 1946.

Michael Franz, 1806, in *Le pauvre Holterling, Blätter zur Frankfurter Ausgabe*, Rote Stern, Frankfurt 1983.

Michael Knaupp, *Scaliger Rosa*, in *Hölderlin Jahrbuch*, n. 25, 1986—87.

Friedrich Schlegel, *Kritische Ausgabe* cit., b. XI.

Werner Hamacher 1, *Entfernentes Verstehen*, Suhrkamp, Frankfurt am Main 1998.

Émile Benveniste 1932, *Supinum*, in «Revue philologique», 1932, n. 58, pp. 136—37.

Émile Benveniste 1948, *Noms d'agent et noms d'action en indoeuropéen*, Maisonneuve, Paris 1948, pp. 100—1.

Carl Barwick, *Flavii Sosipatri Charisii Artis gramaticae libri V*, a cura di C. Barwick, Leipzig 1925.

Berthold Delbrück, *Vergleichende Syntax der indogermanischen Sprache*, b. II, Trübner, Strassburg 1897.

Schiller 2, *Über die ästhetische Erziehung des Menschen in einer Reihe von Briefen*, in F. S. *Sämtliche Werke*, b. V, Hanser, München 1962.

Maine de Biran, *Mémoire sur la décomposition de la pensée*, in Id., *Oeuvres*, ed. F. Azouvi, t. III, Vrin, Paris 1988.

Werner Hamacher 2, *Two studies of Hölderlin*, Stanford University Press, Stanford 2020.

Félix Ravaisson, *De l'Habitude. Metaphysique et morale*, Presses Universitaire de France, Paris 1999.

附注：现在正在发生的新冠疫情——超市还在

营业，但是图书馆不开了——因而，我无法借助图书馆进行研究；所以，这些列举的条目只提供了我手头上可用的书目信息，尽管并不完整。遗憾的是，这个引用的作品列表——尤其是插图的来源——还不太完善。

图书在版编目(CIP)数据

荷尔德林之狂 ：寓居生活编年史. 1806－1843 / (意)吉奥乔·阿甘本著 ；蓝江译. -- 上海 ：上海人民出版社，2025. -- ISBN 978-7-208-19170-9

Ⅰ. B516.49

中国国家版本馆 CIP 数据核字第 20248ZX226 号

责任编辑 毛衍沁

封面设计 林 林

荷尔德林之狂

——寓居生活编年史(1806－1843)

[意]吉奥乔·阿甘本 著

蓝 江 译

出　　版 上海人民出版社

(201101 上海市闵行区号景路 159 弄 C 座)

发　　行 上海人民出版社发行中心

印　　刷 上海中华印刷有限公司

开　　本 787×1092 1/32

印　　张 12.5

插　　页 2

字　　数 162,000

版　　次 2025 年 1 月第 1 版

印　　次 2025 年 1 月第 1 次印刷

ISBN 978－7－208－19170－9/B·1788

定　　价 69.00 元